Tucholsky Wagner Zola Scott Sydow Freud Schlegel
Turgenev Wallace Fonatne
Twain Walther von der Vogelweide Fouqué Friedrich II. von Preußen
Weber Freiligrath Frey
Fechner Fichte Weiße Rose von Fallersleben Kant Ernst Richthofen Frommel
Hölderlin
Engels Fielding Eichendorff Tacitus Dumas
Fehrs Faber Flaubert
Feuerbach Maximilian I. von Habsburg Fock Eliasberg Zweig Ebner Eschenbach
Ewald Eliot Vergil
Goethe Elisabeth von Österreich London
Mendelssohn Balzac Shakespeare Dostojewski Ganghofer
Lichtenberg Rathenau Doyle Gjellerup
Trackl Stevenson Hambruch
Mommsen Tolstoi Lenz Hanrieder Droste-Hülshoff
Thoma von Arnim Hägele Hauff Humboldt
Dach Verne Reuter Hagen Hauptmann Gautier
Karrillon Garschin Rousseau Baudelaire
Damaschke Defoe Hebbel
Descartes Hegel Kussmaul Herder
Wolfram von Eschenbach Dickens Schopenhauer Rilke George
Bronner Darwin Melville Grimm Jerome Bebel Proust
Campe Horváth Aristoteles
Bismarck Vigny Barlach Voltaire Federer Herodot
Gengenbach Heine
Storm Casanova Tersteegen Gilm Grillparzer Georgy
Chamberlain Lessing Langbein Gryphius
Brentano Lafontaine
Strachwitz Claudius Schiller Kralik Iffland Sokrates
Bellamy Schilling
Katharina II. von Rußland Gerstäcker Raabe Gibbon Tschechow
Löns Hesse Hoffmann Gogol Wilde Gleim Vulpius
Luther Heym Hofmannsthal Klee Hölty Morgenstern
Roth Heyse Klopstock Kleist Goedicke
Luxemburg Puschkin Homer Mörike
La Roche Horaz Musil
Machiavelli Kierkegaard Kraft Kraus
Navarra Aurel Musset Lamprecht Kind Kirchhoff Hugo Moltke
Nestroy Marie de France
Laotse Ipsen Liebknecht
Nietzsche Nansen Ringelnatz
Marx Lassalle Gorki Klett Leibniz
von Ossietzky May vom Stein Lawrence Irving
Petalozzi Knigge
Platon Pückler Michelangelo Kock Kafka
Sachs Poe Liebermann Korolenko
de Sade Praetorius Mistral Zetkin

Der Verlag tredition aus Hamburg veröffentlicht in der Reihe **TREDITION CLASSICS** Werke aus mehr als zwei Jahrtausenden. Diese waren zu einem Großteil vergriffen oder nur noch antiquarisch erhältlich.

Symbolfigur für **TREDITION CLASSICS** ist Johannes Gutenberg (1400 — 1468), der Erfinder des Buchdrucks mit Metalllettern und der Druckerpresse.

Mit der Buchreihe **TREDITION CLASSICS** verfolgt tredition das Ziel, tausende Klassiker der Weltliteratur verschiedener Sprachen wieder als gedruckte Bücher aufzulegen – und das weltweit!

Die Buchreihe dient zur Bewahrung der Literatur und Förderung der Kultur. Sie trägt so dazu bei, dass viele tausend Werke nicht in Vergessenheit geraten.

Aus den Odi Barbare

Giosuè Carducci

Impressum

Autor: Giosuè Carducci
Übersetzung: Fritz Sternberg
Umschlagkonzept: toepferschumann, Berlin

Verlag: tredition GmbH, Hamburg
ISBN: 978-3-8424-8880-9
Printed in Germany

Text der Originalausgabe

Vorspiel

Alltagsdichtung hass' ich: sie überläßt die
Schlaffen Hüften willig dem Pöbel, ohne
Beben fügt sie sich dem gewohnten Kosen,
Streckt sich, entschlummert.

Mir die wache Strophe, die mit dem Handschlag
Und dem Schritte rhythmisch im Chor einherschwebt;
Greif nach ihrem Fittich im Flug, sie wendet
Sich – widerstrebend.

So, umfaßt vom liebenden Waldgott, windet
Die Bacchantin sich auf dem schnee'gen Edon;
Schöner hüpfen, unter dem Druck, des Busens
Blühende Reize.

Schrei und Kuß verschmilzt auf dem glüh'nden Munde,
Sonnenstrahlend lächelt die Marmorstirne
Und die Haare fluten in weiten Wellen,
Wehend im Winde.

I. Buch

Schlechten, gestümperten Versen genügt ein geringer Gehalt
schon,
Während die edlere Form tiefe Gedanken bedarf:

Wollte man euer Geschwätz ausprägen zur sapphischen Ode,
Würde die Welt einsehn, daß es ein leeres Geschwätz.

August v. Platen.

Ideal

Seit mich ein heit'rer Odem Ambrosias,
Aus deinem Kelch entflossen, umschlungen hielt –
Als du, o Hebe, traulich lächelnd,
Mit deinem göttlichen Schritt vorbeizogst –

Fühl' ich nicht mehr die Schatten der Zeiten und
Der eisigkalten Sorgen auf meinem Haupt;
O Hebe, Hellas' Leben fühl' ich
Ruhig und sanft durch die Adern rinnen.

Es heben sich die Tage der traurigen
Zeiten vom jähen Sturze empor, beseelt
Vom heißen Wunsche, sich in deinem
Lieblichen Licht zu erneu'n, o Hebe.

Die jungen Jahre heben mit innigem
Verlangen aus den Schatten die Stirn empor,
Beim Zitterschein, o Hebe, deines
Rosigen Strahles, der grüßend aufsteigt.

Diesen und jenen lächelst du, lichter Stern,
Von oben zu. So ragt zwischen schneeigen
Und schwarzen Zinnen, die zum Himmel
Eilen in marmornen Doppelreihen,

Über dem höchsten Gipfel auf gotischen
Tempeln, in holder Ruhe, die süße Maid,
Die Jungfrau aus dem Stamme Jesse,
Ganz überflutet von Goldesfunken;

Beschaut aus Lüften Dörfer, den grünenden,
von silberhellen Flüssen durchfurchten Plan,
Die Saaten, wogend auf den Feldern,
Und auf den Alpen die lichten Firne.

Es zieh'n um sie die Wolken herum; sie lacht
Über den Wolken leuchtend der Sonne zu,
Wenn sie im jungen Lenze aufblüht,
Oder im traurigen Spätherbst sinket.

An Aurora

Göttin, du steigst und küssest mit rosigem Hauche die
Wolken
Und den finsteren First marmorner Tempel du küßt.

Eisig erschauernd erwacht der Wald: er ahnt deine Nä-
he;
Aufwärts mit gieriger Lust hebt sich zum Fluge der
Falk;

Unter dem feuchten Laub in den Nestern flüstert es
schwatzhaft,
Graulicher Möwe Gekreisch gellt auf violblauem Meer.

Flüsse zuerst erfreu'n sich an dir auf dem mühsamen
Felde,
Leuchten zitternd hervor unter der Pappeln Geraun.

Kühn von der Trift eilt das bräunliche Fohlen zu hohen
Gewässern,
Hoch den bemähnten Kopf, wiehernd hinaus in den
Wind.

Aus den Hütten erschallt als Antwort der wachsamen
Hunde
Kraft und das ganze Tal dröhnet von starkem Gebrüll.

Aber der Mensch, den du weckst zu dem lebenerschöp-
fenden Werke –
Jungfrau aus alter Zeit immer aufs neue verjüngt! –

Noch staunt er sinnend dich an, wie dich, aufrecht un-
ter den weißen
Herden, am Berge verehrt Arierväter dereinst.

Noch schwebt der Hymnus einher auf den Schwingen
des frischen Morgens,
Den dir die Väter gesagt, auf ihre Stäbe gestützt.

»Hirtin des Himmels, du brichst der eifersüchtigen
Schwester
Ställe, die roten Küh' führst du zum Himmel zurück;

Führest die roten Küh', die schneeige Herde führst du,
Blonde Stuten, geliebt von dem aswinischen Paar.

So wie das junge Weib zum Manne geht, frisch aus dem
Bade –
Inniger Liebeswunsch strahlt ihr hell aus dem Blick –

Läßt du lächelnd herniedersinken die lieblichen Schlei-
er:
Heiter den Himmeln enthüllst du deine Jungfraunge-
stalt.

Brennend die Wangen, vom Atem bewegt den schneei-
gen Busen,
Eilst du zum flammenden Gott Surja, dem König der
Welt.

Und du erreichst ihn, umfaßt mit rosigen Armen im
Bogen
Seinen kräftigen Hals – fliehst jenes Furchtbaren Strahl

Eilig. Dann nehmen die Aswins, die Ritter des Him-
mels im schönen,
Goldenen Wagen dich Rosige, Zitternde auf;

Wendest dich hin, wo der Gott, der die Ruhmeslauf-
bahn durchmessen,
In des Abendes Ruh' suche, ermüdet, nach dir.

Fliege gnädig vorbei über unsere Häuser in deinem
Rötlichen Wagen! – so riefen die Väter dich an –

Komm aus den Tälern des Morgens zu uns, von dem
Glücke begleitet,
Mit dem blühenden Korn und mit der schäumenden
Milch;

Unter den Kälbern tanzend mit blühenden Locken ver-
ehre,
Hirtin des Himmels, dich zahlreiche Nachkommen-
schaft.«

So der Arier Gesang. Doch du zogst den Hymettus vor,
der
Zwanzigfältig umspült, himmelwärts Thymianduft
haucht.

Schnelle, sterbliche Jäger gefielen dir auf dem Hy-
mettus,
Schreitend mit dem Kothurn über den tauigen Grund.

Vor dir neigten die Himmel sich, eine liebliche Röte
Schattete Hügel und Wald: Göttin, du schwebtest her-
ab.

Göttin, nicht du! Es stieg – gar mächtig zog ihn dein
Kuß an –
Schön wie ein schöner Gott, Kephalos leicht durch die
Luft.

Blumen und Bäche feierten Hochzeit, es atmeten Düfte:
Auf dem liebenden Wind zog er geflügelt empor.

Frei umwallt den Nacken das goldige Haar, um die
weiße
Schulter der Köcher hängt golden am purpurnen Band.

Nieder ins Gras fiel der Bogen und Lailaps erhob seine
treue,
Schlaue Schnauze und starr sah er entschweben den
Herrn.

O einer Göttin Küsse, ihr duftenden unter dem Taue!
O Ambrosia der Lieb' in einer kindlichen Welt!

Liebest du noch, o Göttin? Doch unser Geschlecht ist
ermattet:
Schöne, dein Antlitz erscheint über den Städten, be-
trübt.

Trübe schmachten Laternen und kaum erblickt auf dem
Heimweg
Dich eine bleiche Schar, die sich zu freuen gemeint.

Zornig reißt der Handwerker auf die kreischenden Lä-
den
Und er fluchet dem Tag, der ihn zur Fronarbeit zwingt.

Nur ein Geliebter vielleicht, der seine süße Geliebte
Ruhig dem Schlaf überließ, von ihren Küssen noch
heiß,

Tritt deinem eiskalten Antlitz entgegen rüstig, und hei-
ter,
Ruft: »Aurora, o trag' auf deinem Flammenroß mich!

Zu den Sternengefilden entführe mich, laß mich die Er-
de
Sehen, die wiederum ganz in deinem Rosenschein
lacht,

Daß ich mein Weib erblicke im Lichte des Sonnenauf-
gangs,
Mit dem schwarzen Gelock über der tauigen Brust.«

Am Jahrestag der Gründung Roms

Dich sah, von Purpurblumen umkränzt, April,
Wie du entstiegst der Furche des Romulus
Auf Hügelshöh', mit finstrem Auge
Über die wüsten Gefilde blickend:

April umstrahlet, Hehre und Höchste, dich
Nach so gewalt'ger Wucht von Jahrhunderten;
Die Sonne und Italien grüßt dich,
Unserer Völkerschaft Flora, Roma!

Wenn auch die stille Jungfrau nicht mehr empor
Zum Kapitole steigt mit dem Pontifex
Und kein Triumph mehr durch die *Via*
Sacra die vier weißen Rosse lenket,

So überwältigt doch diese Einsamkeit
Des Forums jeden Schall, jeden Ruhmeslaut
Und alles, was von Sitte, Größe,
Würde auf Erden spricht, ist noch römisch.

Heil Göttin Roma! Wer dich verkennet, hat
Den Sinn begrenzt mit eisiger Dämmerung;
In seinem argen Herzen keimet
Finster der Wald des Barbarentumes.

Heil Göttin Roma! Betend verfolge ich
Mit süßen Tränen deine verstreuten Spur'n,
Geneiget auf des Forums Reste,
Göttin des Vaterlands, heil'ge Mutter!

Durch dich bin ich der Bürger Italiens,
Durch dich Poet, o Mutter der Völker, die
Du deinen Geist der Welt gabst, deinen
Ruhm auf Italiens Stirne prägtest.

Sieh! Dies Italien, das du zur einigen
Bezeichnung freier Völker geschaffen hast,
Kehrt heim und deine Brust umfassend,
Blickt es dir tief in die Adleraugen.

Vom Schicksalshügel streckst du die marmornen
Arme durchs tiefe Schweigen des Forums aus,
Die Säulen und die Ruhmesbogen
Deiner befreienden Tochter zeigend:

Die Bogen, welche neuer Triumphe harr'n,
Doch nicht von Kön'gen oder Cäsaren mehr
Und Ketten, welche Menschenarme
Spannen auf Karren von Elfenbeine;

Nein, dein Triumph, italisches Volk, allein,
Über die düst're Zeit des Barbarentums
Und über Ungeheuer, die du
Richtend wirst reißen aus Völkermitte.

Italien, Rom! Aus heiterem Himmel wird's
Über dem Forum donnern an jenem Tag,
Des Ruhmes ewige Gesänge
Werden das endlose Blau durcheilen.

Vor den Thermen des Caracalla

Finster zwischen Cölius und Aventinus
Eilen Wolken, feucht kommt der Wind vom düstern
Felde, Albas Berge im Hintergrunde
Schneebedeckt ragen.

Eine Britin schlägt ihren grünen Schleier
Über ihre aschblonden Haar' und sucht im
Buch nach diesem Römerbau, der getrotzt den
Wettern und Zeiten.

Unablässig stürzen sich, wogenähnlich,
Dichte, schwarze, kreischende Rabenschwärme
Gegen die zwei mächtigen, härt'rem Angriff
Trotzenden Mauern.

»Was versucht den Himmel ihr, alte Riesen?«
Scheint der Augurvögel beständ'ge Wut zu
Fragen. Ernst, durch Lüfte, vom Lateran tönt
Glockengeläute.

Ein Ciociar geht, mantelumhüllt, vorbei; er
Pfeift gewichtig in seinen dichten Bart und
Blickt nicht auf. Hier ruf ich dich an, o Fieber,
Gottheit der Gegend.

Waren dir, o Göttin, der Mütter große
Tränenaugen teuer und ihre Arme,
Ausgestreckt zur Abwehr vom hingesunk'nen
Haupte der Kinder;

War dir auf dem hehren Palatium lieb einst
Dein Altar (auch damals befloß der Tiber
Des Euandrus Hügel und, abends zwischen
Kapitolin und

Aventinus heimsegelnd, hob der Römer
Zu der sonnumlächelten *urbs quadrata*
Seinen Blick empor, ein Saturniercarmen
Summte er langsam);

Hör' mich, Fieber! Stoße die neuen Menschen
Weg mit ihrer kleinlichen Welt von diesem
Orte: Heilig ist dieses Grau'n: die Göttin
Roma, hier schläft sie.

Auf Palatiums Höh'n ruht ihr Haupt, sie öffnet
Zwischen Cölius und Aventin die Arme,
Streckt zur Via Appia der Schultern Wucht aus
Durch die Capena.

An die Siegesgöttin

(Unter den Ruinen von Vespasians Tempel in Brescia.)

> Göttliche Jungfrau, schwangst du die Fittiche
> Gnädig auf der Peltasten geneigten Helm,
> Die mit den vorgestreckten Lanzen
> Harren, ihr Knie an dem Schilde stützend?
>
> Flogst du voran den Adlern, der marsischen
> In wilden Wogen stürmenden Kriegerschar,
> Mit deinem wunderbaren Glanze
> Scheuchend die wiehernden Partherrosse?
>
> Melde den Namen mir jenes siegreichen
> Heerführers, den du auf deinen Schild nun schreibst,
> Geneigt das Flügelpaar, den stolzen
> Fuß auf den Helm des Besiegten setzend.
>
> Ist's ein Archont, der gegen Despotentum
> Ruhmreich der Freien heilig Gesetz geschützt?
> Ist es ein Konsul, der des Reiches
> Namen und Grenzen und Furcht verbreitet?
>
> Hoch auf den Alpen, herrlich im Sturmgebraus
> Möchte ich dich seh'n, verkündend in ferne Zeit:
> »Italien fußte hier, ihr Völker,
> Namen und Rechte zurückerobernd«!
>
> Unter den Blumen, die der Oktober aus
> Dem Römerschutte trauervoll sprießen läßt,
> Sucht Lydia fromm, indes, dir einen
> Kranz aus und legt ihn dir sanft zu Füßen.
>
> »Was dachtest«, spricht sie, »teuere Jungfrau du
> In tiefer, feuchter Erde so lange Jahr'?
> Vernahmst auf deinem Griechenhaupte
> Du das Getrappel der deutschen Rosse?« –

Und blitzend spricht die Göttin: »Ich hört' es wohl,
Denn *ich* bin die hellenische Glorie
Und *ich* bin die Lateinerstärke,
Welche im Erz durch die Zeiten wandelt.

Wie die zwölf Unheilsgeier, die Romulus
Erblickte, floh'n die Zeiten vorüber; da
Erhob ich mich und rief: ›Italien,
Tote und Götter sind dir Geleiter!‹

Froh ihres Schicksals, nahm mich nun Brescia auf,
Brescia die starke, Brescia die eiserne,
Italiens Löwin Brescia, die den
Durst in dem feindlichen Blute löschte«.

An den Quellen des Clitumnus

Von dem Berg, der rauschend im Winde seine
Dunklen Eschen wogend bewegt und frisch ins
Weite, durch die Lüfte von Waldessalbei
Duftet und Thymian,

Steigen noch die Herden am feuchten Abend,
O Clitumnus, nieder zu dir; in deine
Wellen taucht ein umbrischer Knabe das sich
Sträubende Schäflein,

Während von dem Busen der braunen Mutter,
Welche barfuß sitzt vor der Hütte, singend,
Sich nach ihm die saugende Kleine umblickt,
Und aus dem runden

Antlitz lächelt. Nachdenklich führt der Vater –
Seine Hüften deckt, wie den alten Faunen,
Ziegenfell – die Stärke der schönen Stiere
Vor dem bemalten

Karr'n; der schönen Stiere mit der quadratisch
Breiten Brust, den ragenden Sichelhörnern,
Schneeweiß, sanft im Blicke, die einst Virgil der
Milde geliebt hat.

Dunkel dampfen Wolken indessen auf dem
Apennin: es blickt von den Bergen, die sich
Rings im Kreise senken, das grüne Umbrien
Groß und erhaben.

Heil dir, grünes Umbrien! Heil Clitumnus,
Gott des reinen Quells! Meines Landes Vorzeit
Spricht zu mir, ich fühl' um die heiße Stirn die
Götter Italiens

Wehn. Wer warf die Schatten der Tränenweide
Auf die heil'gen Ufer? Der Apenninen
Wind entreiß' dich, weichliche, Demutszeiten
Teuere Pflanze!

Kämpfe führe hier mit den Winterstürmen,
Tiefe Sagen flüstre bei Maienhauch, die
Schwarze Eiche: jugendfroh rankt um ihren
Stamm sich das Efeu;

Dicht im Kreise sollen Zypressen hier, wie
Riesenwächter steh'n um den Gott, der auftaucht;
Unter Schatten singe die schicksalsschweren
Lieder Clitumnus!

Dreier Reiche Zeuge, o melde, wie der
Schwere Umbrer, furchtbar im Kampfe, vor dem
Lanzenführ'nden Plänkler zurückwich und das
Starke Etrurien

Wuchs; wie dann Gradivus auf die vereinten
Städte, vom Ciminus, mit großen Schritten
Niederstieg, die römischen siegesstolzen
Feldzeichen pflanzend.

Sieger und Besiegte jedoch versöhntest
Du: ein Heimgott beider, Italiens Gott und,
Als vom trasimenischen See die Wut der
Punier ertönte,

Scholl durch deine Grotten ein Ruf, und auf den
Bergen wiederholte das krumme Horn ihn:
»Der du bei Mevanias Nebelflur die
Rinderschar weidest.

Der du pflügst die Hänge der Hügel an dem
Linken Rand des Nar, der du niederreißt die
Grünen Wälder über Spoleto, oder
Feierst die Hochzeit

In der Marsstadt Todi: o laß das fette
Rind im Röhricht, lasse den jungen, roten
Stier auf halber Furch' und in der geneigten
Eiche den Keil,

Am Altar verlasse die Braut und eile,
Eile, eile mit deiner Axt, mit Pfeilen,
Keul' und Lanze! Hannibal droht Italiens
Schutzgöttern furchtbar.«

Oh, wie lachte traulich die Sonne, hier in
Dieser schönen Klause von Bergen, als, von
Seiner Höh', Spoleto die ries'gen Mauren
Unter Geheule

Fliehen sah, geballt mit Numidierpferden
Grauenhaft, umschauert vom Eisenhagel,
Von den Fluten lodernden Öles und den
Siegesgesängen.

Alles schweiget nun. In dem heitren Wirbel
Sehe ich die steigende, zarte Ader,
Zitternd zeichnet sie der Gewässer Spiegel
Mit einem leisen

Sprudel. In der Tiefe, mit unbewegten
Zweigen, lacht ein niedriger Wald: es scheint der
Jaspis sich zu paar'n mit dem Amethyst, in
Schmiegsamer Liebe.

Und die Blumen gleichen dem Saphir, von dem
Widerschein des starren Demants umspielt, sie
Leuchten kalt und rufen herab zum grünen
Schweigenden Grunde.

An der Berge Fuß und im Eichenschatten
Quillt dein Lied, Italien, mit den Flüssen.
Ja! Es lebten Nymphen und dies hier ist ein
Göttliches Brautbett.

Aus den Fluten tauchten, umwallt von Schleiern,
Bläulich, lang, Najaden; sie riefen in des
Abends Stille laut ihre braunen Schwestern
Von den Gebirgen,

Tanzten unterm Scheine des hohen Mondes,
Froh im Chore singend vom ew'gen Janus
Und wie ihn besiegte die große Liebe
Zu Camesena.

Er vom Himmel, sie eine eingebor'ne
Jungfrau. Bett der rauchende Apennin war;
Wolken legten sich um das Liebespaar: das
Italervolk – ward.

Alles schweigt nun; einsam, Clitumnus, bist du.
Von den schönen Tempeln, nur einer bleibt dir
Und mit der Prätexta, o Gottheit, weilst du
Nicht mehr im Innern.

Nicht mehr bringen, von deinen heil'gen Fluten
Naß, die stolzen Opfer, die Stiere, zu den
Ahnentempeln Römertrophäen: nicht mehr
Feiert Triumphe

Roma, seit ein Mann Galiläas, roten
Haares, aufstieg zum Kapitole und sein
Kreuz ihr in die Arme warf, mit den Worten:
»Trag' es und diene!«

Es entfloh'n die Nymphen, um in den Flüssen,
In den Mutterrinden versteckt zu weinen,
Oder sie entschwebten auf Berge klagend,
Ähnlich den Wolken,

Als gar seltsam unter den weißen, leeren
Tempeln, den zertrümmerten Säulengängen,
Langsam, litaneiend, ein Zug in schwarzen
Kutten heranzog;

Und die Felder, tönend von Menschenarbeit,
Und die Hügel, Zeugen des Herrschertumes,
Schuf er um zur Wüste und nannte: »Gottes
Reich« nun die Wüste;

Riß hinweg die Männer vom heil'gen Pfluge,
Von den alten, harrenden Vätern, von den
Blüh'nden Frauen, überall wo die Sonne
Segnete – fluchend.

Er verfluchte Lebens- und Liebeswerke,
Sehnte schwärmend, fürchterlich unter Leiden,
Auf den Felsen und in den Höhlen sich mit
Gott zu verbinden.

Auf die Städte wälzte er sich herunter,
Jäh berauscht vom Auflösungstaumel und in
Schauertänzen flehte er ruchlos zu dem
Kreuz um Verachtung.

Menschenseele, heiter an des Ilissos
Strand, gerad und ganz an des Tibers hehren
Ufern, heil! Die finstere Zeit verging; nun
Blühe und herrsche!

Heil dir, fromme Mutter von Stieren, die im
Schollenbrechen, Brachfelder-Neubebauen
Unermüdlich sind, und von kampfeskühnen
Wiehernden Fohlen,

Heil Italien, Mutter von Korn und Reben,
Ew'gem Recht, erhabenen Künsten, die das
Leben süß gestalten! Das alte Loblied
Sing' ich dir wieder.

Beifall hallt dem Sang von des grünen Umbriens
Bergen, Wäldern, Flüssen; das Dampfroß hastet
Rauchend, pfeifend, vor unsern Augen hin, nach
Neuen Gewerben.

Roma

In deine Lüfte, Rom, werf zum stolzen Flug ich die See-
le:
Nimm meine Seele, Rom, und überflut' sie mit Licht.

Nicht aus kleinlicher Neugierde komm' ich: unter des
Titus
Bogen eilt man vielleicht, haschend, dem Schmetterling
nach?

Kümmert's mich, ob der gesträubte, gespenstische
Weinmann Stradellas
Seine Allobrogerwitz' Montecitorio erzählt?

Ob der Weber Biellas, von ferne wirkend (vergeblich
Lockende Spinne), sich fängt in seinem eigenen Netz?

Mit deiner Bläue umhülle mich, Rom, erleucht' mich
mit Sonne:
Göttlich die Sonne strahlt durch dein unendliches Blau.

Des Vatikanes Schatten, des Quirinals Schönheit, des
alten
Heiligen Kapitols trümmerumstandenen Bau

Segnet sie. Rom, von den sieben Hügeln streckst du die
Arme
Nach der Liebe, die rings leuchtet in heiterer Luft.

O gewaltiges Brautbett, du einsam wüste Campagna!
Grauer Sorakte du, Zeuge für ewige Zeit!

Singet, ihr Berge Albas, o singet lächelnd das Brautlied,
Singet: Tusculum, grün, Tivoli, wasserumspült;

Während ich, vom Janiculum aus, das Stadtbild be-
wund're:
Das zur Herrschaft der Welt eilende, riesige Schiff.

Schiff, das mit seinem Gat das endlose Weite berühret,
Führ' meine Seele hinab zu dem geheimen Gestad'!

Da in opalener Weiße die Abenddämmerung leuchtet
Langhin und ruhevoll auf dem flaminischen Weg,

Möge die Todesstunde mit schweigsamem Flügel die
Stirn mir
Streifen, daß unbekannt ich wandle zur heiteren Ruh',

Zu den versammelten Schatten, daß ich der Vorfahren
große
Geister am heiligen Fluß seh', in Gespräche vertieft.

Alexandrien

An Giuseppe Regaldi, als er sein Buch »L'Egitto« veröffentlichte.

In dem Riesensaale zu Luxor stieg die
Heil'ge Schlange zischend empor auf Ramses'
Rotem Haupte und es entflog zur Linken
Kreischend der Geier.

Und im ungeheueren Serapeum zu
Memphis, wo sechshundert granit'ne Sphinxe
Lauernd unter blendender Sonne wachen,
Brüllte der Apis,

Als zur blauen Wüste hin, von den grünen
Starren Papyrstauden von Mareotis
Dieser Griechenpäan ertönte (ringsum
Schwiegen die Lüfte):

»Dich zu grüßen kamen wir, Hellas' Söhne,
Mit der Zither und mit dem Speer, Ägypten!
Deine hundert Pforten, o Theben, öffne
Du, Alexander!

Dem Zeus Ammon bringen wir einen Sohn, daß
Er ihn anerkenne, den teuren Zögling
Aus Thessalien, diesen so schönen, stolzen
Sprößling Achilles'!

Seine Haare wallen wie düftereicher
Lorbeerhain; dem blumigen Tempe gleicht die
Rosenwange, in seinen großen Augen
Lächelt Olympias

Sonne; der ägäische, lichte Friede
Weilt in seinem Antlitz; wie weiße Wolken
Zieh'n an ihm nur Träume der Dichtung und des
Ruhmes vorüber.

Aus der rauhen Thessalerphalanx springt der
Leu zu Hellas' Rache, erjagt in wirre
Flucht die Wagen und Elefanten, stürzet
Kön'ge, Satrapen.

Heil dir, Alexander, in Krieg und Frieden
Gott! In deine Elfenbeinfinger nimm die
Zither, faß den leuchtenden Silberbogen,
Gleichwie Apollo!

Deiner harr'n Stagyras Gespräche und der
Jonierfrauen Küsse und Kränze, deiner
Des Lyäos Becher, von Weine schäumend,
Und der Olympos!

Für die Ewigkeit soll Lysipp im Erz dich
Bilden, und in Farben Apell, Athen soll –
Düstrer Demagogen Wut schweigt nun – dich zum
Parthenon heben.

Wir begleiten dich: seine Quellen, seine
Dogmen birgt der Nil uns'rer Macht umsonst, wir
Stiften Frieden hier in dem Götterkreise,
Stiften ein einzig

Licht der Welt und, willst du, ein neuer Bacchus,
Tiger, Luchse zäumen, so ziehen wir mit
Dir zum heil'gen Ganges, Homeros' heil'ge
Lieder verkündend.« –

So erklang der griechische Päan und vom
Blonden Haupte löste der junge Führer
Seinen Helm, er blickte vor seiner Phalanx,
Über das Meer hin;

Gradaus übers Meer und zur Pharusinsel,
Ringsumher zur libyschen, unbegrenzten
Wüste; von der schweißüberdeckten Brust den
Goldenen Panzer

Löst' er, warf den blitzenden in die Eb'ne:
»Wie mein mazedonischer Panzer, stehe
Alexandrien, Zeiten, Barbaren trotzend,
Hier in der Wüste.«

Also sprechend zog er der Zukunftsmauern
Furchen achtzig Stadien in die Weite,
Auf den gelben Flugsand des Mehles weiße
Blüte verstreuend.

So erhob der Nachkomme des Peliden
Seine Stadt, und Pharos (der Welt ein hohes
Wort des Lichts) beleuchtete hell die Wege
Afrikas, Asiens.

Nicht vermochten stürmende Wüstenwogen,
Nicht die Flucht barbarischer Zeiten, jene
Lebenskühne Tochter des Griechenhelden
Zu überwinden.

Munter und betriebsam zum dritten Leben
Hob sie sich empor, die Geschicke stürmend,
Wie du sie, o wandernder Dichter, sahest,
Staunenden Blickes,

Als, die schwere Nacht der Bedrückung fliehend,
Von Gesängen voll die entflammte Seele,
Du, zum Morgenlande gewandt, das Licht, die
Freiheit erflehtest.

Die Pompejussäule, du sahst sie ragen
Über den mit Turban geschmückten Gräbern,
Wie die Kraft lateinischen Geistes über
Finsteren Zeiten.

Ach, Ägyptens Hoffnung und Ruhmeszeichen
Mögen, Dichter, in deinem Buche leben!
Typhon facht den Wüstenzorn heute an, mit
Grimmigem Fauchen;

In Europas fliehende Fersen beißet
Bellend jetzt Anubis – begraben hat er
Den Osiris – Rache zu üben ruft er
Tierische Götter.

Auf die Welt, o altes Europa, deine
Unruhvolle Schwäche verstreust du! Ach, wie
Lächelt nun die traurige Sphinx, nach Osten
Unverwandt blickend!

In einer gotischen Kirche

In geschmeidigen Reih'n ziehen die ragenden
Marmorschäfte dahin, riesenhaft, steil: sie seh'n
In dem dämmernden Schein heiliger Finsternis
Wie ein Heer von Giganten aus,

Welches sinne auf Krieg gegen den Unsichtbar'n.
Ruhig steigen, alsdann schwingen mit schnellem Flug
Sich die Bogen empor und, in der Höh' geneigt,
Schweben sie und umarmen sich.

So im menschlichen Zwist, unter barbarischem
Aufruhr, steigen zu Gott innige Wünsche auf,
Von den Seelen, die still abseits in Sehnsucht harr'n
Sich mit ihm zu vereinigen.

Gott verlang' ich von euch nicht, o ihr Marmorsäul'n,
Bogen, luftig gewölbt, ja, ich erzitt're, doch
Bei dem zierlichen Schritt, den ich erkenne: er
Weckt das festliche Echo auf.

Lydia ist es. Ihr Haar zeichnet sich, leise, licht
Vor den Augen mir ab, wie sie sich wendet. Aus
Ihrem bleichen Gesicht, unter dem schwarzen Flor,
Lächelt Liebe mir flüchtig zu.

Alighieri hat auch, als eines gotischen
Tempels düsteres Licht rings ihn umschlungen hielt,
Gottes Bildnis gesucht in einem gemmengleich
Blassen Antlitze einer Maid.

Unter schneeigem Flor glänzte der Jungfrau Stirn
Ruhig heiter, umstrahlt von der Verzückung Schein,
Unter glühendem Dampf wallenden Weihrauchs hob
Hoch empor sich der Bittgesang;

Leise raunend und froh bebend entflog er wie
Eine muntere Schar girrender Tauben, dann
Mit dem Schmerzensgeheul leidenden Volkes, das
Zu dem Himmel die Arme streckt.

Durch die Finsternis dumpf rauschte der Orgelton,
Schweraufseufzend; es schien, daß die verstorbenen
Ahnen von ihrer weißschimmernden Marmorgruft
Antwort gäben aus tiefer Erd',

Von den mythischen Höh'n Fiesoles leuchtete
Durch die Fenster herein, mit ihren frommen Mär'n,
Phöbus, rosig erglüht, und auf dem Hauptaltar
Schwand, verblassend, der Kerzenschein.

Bei des Engelgesangs Rauschen erblickte einst
Dante Tusciens Maid, welche verklärt entschwand,
Unterm Schritt er vernahm brüllen der Unterwelt
Schlünde, rot von der Flammenglut.

Ich erblicke hier nicht Engels- und Teufelsschar'n,
Nur den schwächlichen Schein, der in der feuchten Luft
Zitternd schwebt; es umschließt eisige Dämmerung
Mit Verdruß nun die Seele mir.

O semitischer Gott, walle hinweg! Es herrscht
In dem Kult, der dich ehrt, ständig das Todesgrau'n,
Und die Sonne entflieht von deinem Heiligtum,
Unerreichbarer Geisterfürst!

Von dem Kreuz aus verdammst, Märtyrer, du die Welt
Zu dem Kreuz und entstellst traurig die holde Luft,
Doch der Himmel erstrahlt, lächelnd die Felder blüh'n,
Liebe sprühet aus Lydias

Augen. Lydia, dich möcht' ich, im schneeigen
Jungfrau'nchore den Tanz schlingen seh'n um Apolls
Hoh'n Altar, der im rotglühenden Abendlicht
Unter Lorbeer'n aus parischem

Marmor strahlt: du verstreust die Anemonen aus
Voller Hand, es entfließt Lust deinen leuchtenden
Augen und deines Munds lieblicher Harmonie
Eine Hymne Bakchylides'.

Auf dem St.-Petronius-Platz

Finster im klaren Winter erhebt sich, betürmet, Bologna;
Und es lacht, weiß von Schnee, drüber der Hügel herab.

's ist die friedliche Stunde, da, sterbend, die Sonne die Türme
Und deinen Tempel, o heil'ger Petronius, begrüßt;

Jener Türme Zinnen, die manches Jahrhundert umrauschte,
Und des erhabenen Doms einsamen, ragenden First.

Diamantgleich glitzert der Himmel mit kaltem Gefunkel,
Und wie ein silberner Flor breiten die Lüfte sich aus

Über das Forum, zart um der Bauten Masse verfliegend:
Finster hob sie der Arm eiserner Ahnen empor.

Auf den gewaltigen Giebeln verzögert sich scheidend die Sonne,
Blickt sich violengefärbt schmachtenden Lächelns noch um,

Das in dem grauen Gestein, in dem düsteren, purpurnen Ziegel
Scheint der verflossenen Zeit Seele zu wecken aufs neu;

In der eisigen Luft erweckt sie die schmachtende Sehnsucht
Nach den Frühlingen, rot, Abenden, duftend und mild,

Als auf dem Platz noch tanzten die adligen Damen,
und mit den
Königen, die sie besiegt, kehrten die Konsuln zurück.

So begrüßt auch die Muse mit Lächeln, entfliehend, den
Vers, in
Dem ein vergeblicher Wunsch zittert nach klassischem
Reiz.

Die zwei Türme

Asinella.

Unter stürmenden Hymnen entsprang ich dem Herzen
Italiens,
Als nebelgleich auf Alpen schwand Barbarenflut
Und die Trompeten alle der heimgekehrten *Carrocci*
Am pappelreichen Po durchs grüne Land erscholl'n.

Garisenda.

Eingedenk hob ich mich seufzend und auf die Ruinen
und Gräber
Die Stirne neigte ich herab. Irnerius
Saß, auf die mächtigen Bücher geneigt, und vom gro-
ßen Roma
Trug er dem schildbewehrten Volke langsam vor.

Asinella.

Schön war der Tag des Mai, als ich auf der Brücke des
Reno
Des Volkes freien Ruhm vorüberrauschen und
Dich, o staufisches Blut, vor dem wallenden, roten
Kreuze
Italiens, den blonden Nacken neigen sah. –

Garisenda.

Trauervoll war der Mai, als die Schwerter der Brüder
klirrten
Um der Imelda schönen Leib: es wüteten
Vierzig endlose Tage des Bürgerkrieges Entsetzen,
Ins Blutmeer fiel, zerstäubend, hoher Türme Bau. –

Asinella.

Dante sah ich zu uns seine junge Stirne erheben
Und, wie die Wolken fliehen über unserm Haupt,
Sah über seinem Haupt ich die Geister einherziehn,
und alle
Jahrhunderte Italiens drängten sich um ihn.

Garisenda.

Unter mir sah ich den Papst und den Kaiser selbander
vorbeizieh'n,
Der eine hielt den andern bei der Hand. Weh mir!
Gott in seinem Ratschluß gestattete nicht, daß ich stürz-
te
Auf Karl den Fünften und Klemens den Siebenten!

Vor der Certosa von Bologna

Wer die weißen und schweigsamen Häuser der Toten
verläßt, o
Sonne, grüßt dich beglückt, wie einen göttlichen Kuß.

Flutend küsset das Licht die Erde, in Höhen und Tiefen
Singen das Erntelied zirpende Grillen im Chor.

Einem stolzen Meere mit bebenden Wogen das Feld
gleicht:
Dorf und Stadt und Schloß hebt sich wie Eiland empor.

Weit zwischen staubigem Grün und den Pappeln zie-
hen die Straßen,
Schlank überbrücken den Fluß Bogen in eilender
Flucht.

Alles ist flammend und blau. Dort, über Veronas Al-
pen,
Blicken vereinsamt zwei schneeige Wölkchen herab.

Delia, dir rauschet Zephir vom frommen Guardiahügel,
Der sich gekrönet senkt vom Apennin zu dem Plan,

Er bewegt dir den weißen Schleier, die wallenden Haa-
re,
Die um die stolze Stirn schwarzgelockt fließen herab.

Während dein Wink, o Edle, die Trotzigen zähmt und
dein Aug' sich
Neiget, aus dem umsonst Seligkeit Amor verspricht,

Höre (dir redet der Geist der Musen im Herzen), o hö-
re,
Was in der Erde Grund redet der Toten Geschlecht.

Apennin! Zu Füßen des Hügels schlummern die
Umbrer,
Die deine heilige Ruh' brachen, zuerst, mit der Axt;

Die Etrusker – sie kamen mit Krummstab und Speer; zu
den grünen
Rätselumhüllten Höh'n wandte ihr Blick sich empor –

Große, rötliche Celten – sie eilten zum eisigen Berg-
strom,
Den sie *Reno* genannt, wuschen vom Blute sich rein –

Romas hohe Geschlechter, die langbehaarten Lombar-
den,
Die zuletzt hier gewohnt auf den bewaldeten Höh'n;

Schlummern mit unseren Toten. Es flammt auf dem
Hügel der Mittag;
Höre Delia hör', höre der Toten Gespräch.

Also sprechen die Toten: »O selig ihr Wandrer des Hü-
gels,
Von dem wärmenden Strahl goldiger Sonne um-
schwärmt.

Frisch erklingt euch der Quell, der vom blühenden Hü-
gel herabfließt,
Euch singt der Vogel im Grün – windbewegt singt euch
das Laub.

Euch lächeln auf der Erde die immer sich neuernden
Blumen,
Sterne lächeln euch zu: Blumen, die niemals verblüh'n.

Pflücket die Blumen, auch *sie* vergehen – so sprechen
die Toten –
Und die Sterne verehrt! Nimmer vergeht ihre Pracht!

Morsch verstäubet der Kranz um unsere feuchten Stir-
nen,
Kränzt mit dem Rosenkranz blondes und schwarzes
Gelock!

Kalt ist es hier, wir sind allein. Oh, liebt euch im Lichte!
Kurzes Leben verklär' Liebe mit ewigem Glanz.«

Auf der Adda

Blaue Adda, enteil' unter dem rosigen
Abendschimmern, enteil'! Lydia segelt auf
Stillen Wellen mit Amor
Zu der scheidenden Sonne hin.

Der verflossenen Zeit Zeugin, die Brücke, weicht
In die Ferne und ihr luftiger Bogenschwung
Nähert sich dem Gewässer,
Welches murmelnd das Weite sucht.

Lodis Mauern entflieh'n, schwarz und ruinenhaft;
An dem grünenden Hang winden sie sich empor
Und am schmiegsamen Hügel.
Weltgeschichte, sei mir gegrüßt!

Als der römische Mars mit dem barbarischen
Hier mit wildem Gebrüll ehern zusammenstieß,
Als italische Brände
Mailands rächende Wut entflammt,

Zogst vom Larius du zum Eridanus, wie
Heute, Adda, mit friedlichem Sehnsuchtswunsch;
Zogst mit ernstem Gemurmel
Unter schweigsamen Triften hin.

Als, von Blitzen umzuckt, auf der umstrittenen
Brücke, bleich zog einher Korsikas Sohn, das Los
Zweier Zeitalter tragend
In der schmächtigen, jungen Hand,

Adda, spültest du weg das hier vergossene
Deutsch-französische Blut; auf den erzitternden
Wasserwogen verzog sich
Der erstickende Pulverdampf.

Und das letzte Gedröhn' fränkischer Blitze schwand
In den Buchten des Stroms: aus den kristallenen
Fluten drehte das weiße
Rind sich um mit erstauntem Blick.

Wo ist nunmehr der Aar, der vor Pompejus zog?
Wo der Adler des rauh'n, schwäbischen Fürsten, des
Blassen korsischen Mannes?
Weiter fließt du, o blauer Fluß.

Blaue Adda, enteil' unter dem rosigen
Abendschimmern, enteil'! Lydia segelt auf
Stillen Wellen mit Amor
Zu der scheidenden Sonne hin.

Göttlich lächelt die Luft, unter dem Lächeln bebt
Mutter Erde, ringsum flammen die Wogen all
Und sie heben sich zitternd,
Von der leuchtenden Liebe voll.

Weich wallt blühender Au'n atmender Duft empor
Zu dem feuchten Gefild, während am Uferrand,
Unter Seufzen und Lächeln,
Das Gewässer sich leise bricht.

Leichthin gleitet das Schiff; zwischen den fruchtbaren
Ufern streckt sich der Fluß, wunderbar leuchtend, aus;
Winkend ziehen der Felder
Große Bäume an uns vorbei.

Von den Bäumen herab und an den blühenden
Hecken, hoch durch das Gold und durch das Rot der
Luft,
Jagen fröhlich die Vögel
Heiter mengend der Liebe Spiel.

Blaue Adda, enteil' unter dem rosigen
Abendschimmern, enteil'! Lydia segelt auf

Stillen Wellen und Amor
Würzt die Luft mit Ambrosia!

Unter fruchtbarer Trift, unter der Sonne Gold
Eilst du zum Eridan, paarst deinen Lauf mit ihm;
Fern im Westen zur Rüste
Geht die Sonne, die niemals ruht.

Sonne! Adda! Euch nach, durch ein Elysium
Schwebt die Seele. Wohin wird sich die Seele wohl,
Wird sich unsere Liebe
Einst verlieren, o Lydia ?

Ich errate es nicht. Doch ich verlier' mich jetzt
In den schmachtenden Blick Lydias, fern der Welt,
Gerne: Wünsche und Rätsel
Birgt er, tief und geheimnisvoll.

Aus Desenzano

An G. R.

Gino, sage, was schaffst du unter Felsinas
Säulengängen? Du denkst wohl, wie das blühende,
Holde Hellas sich hob unter dem Sang Homers
Und der meißelnden Hand Phidias', heiter, im

Völkerlenz? Aus der Höh' der Asinella schrei'n
Eulen, Weihen: sie stör'n neidisch das liebe Werk.
O mein teurer Freund! Aus jener Dämmerung
Flieh', ach! fliehe und komm zu deinem Dichter her!

Hier, am lydischen See, zittert die weite Flut,
Von den Bergen umrahmt, himmelblau glänzend;
komm!
Mit phaläcischer Stimm' ladet dich Sirmio ein,
Das des einstigen Herrn wonniglich noch gedenkt.

Dir will Sagen erzähl'n aus dem Rasenierland
Dorf Manerba, es will melden Muniga dir
Griechenmärchen; im Wind singen barbarische
Geister Waffen und Lieb' auf der bezinnten Burg.

Laßt uns, willig geneigt, unter Anakreons
Laube, oder umhüllt von der Platanen Grün,
Die einst Plato geliebt, hören, aus vollem Kelch
Leerend purpurnen Wein, den die Riviera zollt.

Süß ist's, trinkend den Wein, hören der Ahnenzeit
Sagen, während die Sonn' wunderbar untergeht,
Über unserem Haupt liebreich die Sterne zieh'n,
Zwischen Woge und Laub lispelnde Lüfte weh'n.

Schöne Sonne, an dir freuten sich eines Tags,
Die dies lieblich Gestad' innegehabt gleich uns,

Sei es, daß aus dem See, aus ihrem Pfahlbau, dich
Mit Geheule begrüßt menschliche Tiere, sei's,

Daß in eisige Flut, zitternd im Morgenrot,
Ihre Stuten getaucht schmiegsame Veneter,
Sei es, daß mit dem Stab, südwärts, Tyrrhenier
Ihre steinigen Hochburgen bezeichneten.

Gino! Wo der Soldat – bei der Eroberung
Rätiens und nach dem Sieg über die Dacier –
Einst, in wachsamer Ruh, Cäsar im Ruhmeslied
Preisend, über dem See pflanzte die Adler Roms,

Dort im brausenden Forst trieb Desiderius,
Pürschend, Eber und Dam; unentwegt dachte er
An die Eiserne Kron', die auf Cäsarenweg
Er verfolgte: aus Rom leuchtete hell ihr Schein.

Wo der Jambus Catulls, Gino, die Flügel schnell
Über bläuliche Flut spannte, nach Lesbia
Rufend – klagend erhob sich durch den Lorbeerduft
In die Lüfte der Ruf – ließen lombardische

Nonnen klagend ein Lied schweben zum weißen
Mond,
Psalmodierend, und mit Murmelton flehten sie
Auf die bleiche, vom Speer fränkischer Krieger jung
Hingemordete Schar, ewige Ruh' herab.

Wir auch kommen dereinst unter die Geisterschar,
Welche niemals der Strahl purpurner Sonn' umwebt;
Die kein mildes Gestirn über dem Haupte sehn,
Deren Herz nicht erquickt köstlicher Rebe Frucht.

Uns begegnen alsdann Führer und Sänger mit
Sternenähnlicher Stirn, richten an uns die Frag':
»Aus welch trauriger Zeit kommst du zu uns nun her,
Bleiche Nachkommenschaft? Finstere Sorge weilt

Dämmernd zwischen den Brau'n dir, aus der schmalen
Brust
Schwelt dein Herz; in dem Licht haben wir unsere Kraft
Muskelspannend geübt und als gewaltige
Schatten stiegen wir dann in des Avernus Grund.«

Ob Anakreons Heim, ob uns das schatt'ge Grün
Der Platanen, die einst Plato geliebt, umfängt,
Die Erwiderung laßt würdig bedenken uns,
Unter Kelchen; es schäumt purpurn der rote Wein.

Graue Nacht sich ergießt über den Silberplan
Und ein sangfroher Geist nahet vom Sirmio,
Schwebt die Woge herab, die am geschweiften Strand
Lieblich murmelnd sich bricht, glitzernd im Wider-
schein.

Sirmio

Sieh', wie im schimmernden See das grünumwobene
Sirmio –
Die Blume der Halbinseln – lacht!

Kosend blicket die Sonne auf Sirmio, der Benacus
Gleicht ringsum einer Silberschal',

Deren reinliche Ränder entlang der friedliche Ölbaum,
Mit ew'gem Lorbeer wechselnd, eilt.

Mutter Italien hebt zu den Göttern mit hohen Armen
Den lichtumkränzten Kelch empor;

Jene lassen hinein das Kleinod der Halbinseln sinken,
Aus Himmelshöhen: Sirmio.

Monte Baldo, von oben, beschützt, wie ein Vater, die
Schöne
Mit seinen düstern Augenbrau'n.

Der Montegü gleicht einem, im Kampfe für Sirmio ge-
fall'nen
Titanen, der noch, rücklings, droht.

Aber zur Linken streckt nach Sirmio die schneeigen
Arme
Salò vom Halbmondbusen aus,

Wonnevoll wie ein Mädchen, das schreitend zum Tan-
ze, den Schleier,
Das Haar den Lüften überläßt,

Lacht und streuet umher mit vollen Händen die Blu-
men,
Von Blumen jauchzt ihr junges Haupt.

Garda erhebt seine finstere Burg, dort im Hintergrund,
über
Dem flüss'gen Spiegel hoch empor,

Eine Sage singend von alten begrabenen Städten
Und von Barbarenfürstinnen.

Aber, Lalage, hier, wo durchs fromme, freudige Blau
du
Die Blicke sendest, seelenvoll,

Band an blinkende Felsen sein kleines Schiff aus Bithy-
nien
Valerius Catullus fest;

Saß hier tagelang, sah in den zitternden Phosphorwo-
gen
Die Augen seiner Lesbia

Und ihr treuloses Lächeln und ihre flüchtigen Gluten
In dem kristall'nen Wellenspiel.

Jene schwächte indes in dunklen Gäßchen die Lenden
Der Nachkommen des Romulus.

Aus den feuchten Tiefen des Sees klang das Lied der
Nymphe:
»O komm, Quintus Valerius!

Auch auf unsere Grotten hinab die Sonne sich senket,
Doch blaß und mild wie Kynthia.

Eures Lebens Tumulte, die immer währenden, tönen:
Wie fernes Bienensummen hier

Und in dem kühlen Schweigen sich löset in sachtes
Vergessen
Die bange Sorge und der Wahn.

Hier ist Kühle und Schlummer und leise Musik und die Chöre
Der himmelblauen Seejungfrau'n,

Während des Abendsterns Fackel im Wasser weithin erschimmert
Und an dem Strand die Woge klagt.«

Tückisch ist Amor! Er haßt die Musen, vernichtet mit Wollust
Die Dichter – tötet tragisch sie.

Aber vor deinen Augen, die lange Kämpfe erregen,
O Lalage, wer schützet uns?

Pflücke den reinen Musen drei Zweige von Lorbeer und Myrte
Und wink' der ew'gen Sonne zu.

Siehst du nicht, wie von Peschiera die Schwäne herunterschwimmen
Am silberhellen Mincio?

Hörest du nicht die Stimme Virgils von den grünenden Weiden,
Wo schlummernd ruht Bianore?

Anbetend wende dich, Lalage, nun! Auf dem Scaligerturme
Erscheint ein großer, ernster Mann.

»Hoch im schönen Italien« ... so murmelt er lächelnd und blicket
Auf Wasser, Erde, Lüfte hin.

Vor dem Castel Vecchio von Verona

So sangst du rauschend, grünlicher Adige,
Unter den Römerbrücken gewaltig, schnell,
Im klaren Glanze deines Wirbels
Schimmernd, der Sonne die Wellenlieder,

Als Odoaker einst vor Theodorich
Zurückwich und die Frauen der Amaler,
Gerad und blond auf ihren Wagen
Zwischen den Herulertoten in das

Schöne Verona zogen, zu Odins Ehr'
Preislieder singend: um seinen Bischof rings
Gescharet hielt das Volk Italiens
Flehend den Goten das Kreuz entgegen.

So ziehst du murmelnd, rastloser Fliehender,
Aus Bergeshöhen, starrend von Schnee, herab
Im silberhellen Wonneglanz des
Friedlichen Winters und fließest unter

Die zinnenreiche Brücke der Scaliger
An schwarzen Bauten, düsteren Bäumen hin
Zu heit'ren Hügeln, zu den Türmen,
An denen trauernd die Fahnen klagen

Über den wiederkehrenden Todestag
Des ersten Königs, welchen Italien,
Befreit, erwählte – Adige, du
Singest der Sonne die Wellenlieder.

Ich singe auch, o lieblicher Fluß, mein Sang
Umfaßt im kleinen Vers die Jahrhunderte,
Es pocht das Herz bei dem Gedanken,
Folgend der Strophe, die bebend ansteigt.

Doch meine Strophe wird mit den Jahren trüb
Verschwinden: ew'ger Dichter, o Adige,
Du wirst auf den zerstreuten Trümmern
Dieser mit Türmen besäten Hügel,

Während die Schlange auf den Ruinen der
Kirche des Zeno sonnenbeschienen zischt,
Besingen in der Wüstenei die
Schlaflose Ödigkeit ew'ger Zeiten.

Zum Tode Napoleon Eugens

Den Einen streckte blind der Barbarenspeer
Ins Grab, die Augen, leuchtend im Sonnenglanz
Des Lebens, angelächelt von den
Geistern des endlosen Himmels – brechend.

Von Küssen satt in Österreichs Daunen, sank
Der Andre nieder, blasser Hyazinthe gleich;
In eisigkalter Morgendämm'rung
Weckruf und kriegerischen Wirbel träumend.

Beide den Müttern fern, und das flaumige,
In Jugendblüte sprießende Lockenhaar
Schien noch zu warten, daß die Mutter
Kosend es furchte: statt dessen stürzten

Die jungen Seelen trostlos ins Schattenreich;
Das Lob des Vaterlandes geleitete
Sie nicht beim letzten Gange mit den
Worten der Hingebung und des Ruhmes.

Nicht das, o finst'rer Sohn der Hortensie,
Versprachst dem zarten Kinde du; vor Paris
Das Los des Königes von Roma
Von seinem Haupte hinweg beschworst du.

Den Kleinen hüllten mit ihrer schneeigen
Flügel Gebraus der Sieg und der Friede von
Sebastopol in Schlaf, Europa
Staunte und leuchtturmgleich glomm die Säule.

Doch im Dezember, doch in dem Nebelmond
Ist blutbespritzt der Kot, ist der Nebel falsch;
In jene Lüfte hebt kein Strauch sich,
Oder die Früchte sind Gift und Asche.

Einsames Haus Ajaccios! es hüllen dich
In Schatten grüne, mächtige Eichen ein,
Es krönen heiter dich die Hügel
Und es umbraust dich des Meeres Woge.

Dort war Letizia (schöner italischer
Name, der Unglück nunmehr durch alle Zeit
Verkündet) Braut und frohe Mutter,
Ach, kurze Frist nur! du hättest dort, o

Consul, verweilen sollen mit deinem Gott
Und mit dem Meer, nachdem du den letzten Blitz
Geschleudert gegen Throne und den
Völkern ein einig Gesetz verliehen.

Letizia wohnt als häuslicher Schatten nun
Im öden Haus: es kränzte des Cäsars Strahl
Sie nicht: die Korsenmutter lebte
Zwischen den Gräbern und den Altären.

Ihr Schicksalsreicher mit seinem Adleraug',
Die Töchter, strahlend schön wie das Morgenrot,
Und ihre hoffnungssprüh'nden Enkel:
Alle erlagen, ihr ferne alle!

Es stehet nachts die korsische Niobe
Vorn an der Tür, aus der man die Kinder einst
Zur Taufe trug, und streckt die Arme
Ungestüm aus nach dem wilden Meere

Und ruft und ruft, ob nicht von Amerika,
Von England, von dem glühenden Afrika,
Vom Tod getrieben, ihr am Busen
Einer des tragischen Stammes lande.

An Giuseppe Garibaldi

3. November 1880.

Es reitet der Diktator, allein, verhüllt
Und schweigend, seiner düsteren Schar voran;
Die Erde und der Himmel starren
Schauerlich, bleifarben, kalt im Umkreis.

Man hörte in dem Schlamm seines Pferdes Huf
Waten, man hörte hinter ihm her den Schritt
Der Mannen, abgemessen und im
Nächtlichen Dunkel der Helden Seufzer.

Doch aus den Schollen, schauernd von Todesgraun,
Doch von den Büschen, tauend von frischem Blut,
Wo immer hing ein armes Stücklein,
Mütter Italiens, eurer Herzen,

Stiegen gleich Sternen Flammen zum Himmel auf
Und Stimmen hoben hymnengleich sich empor,
Olympisch strahlte in der Ferne
Rom, durch die Lüfte ein Päan eilte:

»Der Zeiten Schmach entsprang in Mentana, als
Petrus und Cäsar unheilvoll sich umarmt –
Auf beider Nacken, Garibaldi,
Hast du den Fuß gesetzt in Mentana.

O herrlicher Rebell Aspromontes, o
Erhab'ner, stolzer Rächer Mentanas, komm
Und melde von Palermo und von
Rom, dem Kamillus, im Kapitole.«

So eilte festlich durch den italischen
Himmel der Geister Stimme geheimnisvoll,
Am Tage, als die Feigen heulten:
Köter, die sich vor der Rute ducken.

Italien betet heute dich an und Rom,
Das neue, feiert dich neuen Romulus;
Du schwebst, o Göttlicher, empor – fern
Von deinem Haupte des Todes Schweigen.

Die Zeiten rufen über gewöhnlicher
Seelen Gewühl dich Strahlenden zu den Höh'n,
Zum reinen Rate der Heroen,
Welche, vergöttert, die Heimat schirmen.

Du nahst und Dante spricht zu Virgil gewandt:
»Wir sannen niemals edleres Heldenbild!«
»Geschichte fordert ihn für sich, ihr
Dichter«, spricht Livius und er lächelt.

»Dieses Liguriers standhafter Wagemut
Gehört Italiens Bürgergeschichte an;
Er fußt im Rechten, blickt nach oben
Und er verklärt sich im Ideale.«

Ruhm sei dir Vater! Brausend verkündet sich
Im finstern Ätnatosen dein Löwenherz
Und in dem Sturmwind auf den Alpen
Gegen Barbarentum und Tyrannen.

Es strahlt dein mildes Herz in dem bläulichen
Lächeln des Meeres, des Himmels, des Wonnemonds,
Das auf den Gräbern blüht und auf dem
Marmornen Denkstein der Heldengrüfte.

Der Fels von Quarto

Es streckt der kurze, steinige Streifen sich
Hinaus ins stille Meer und von rückwärts strömt
Aus blätterreichen Lorbeerhainen
Abendlich Wohlgeruch und Gemurmel.

Vorne erstrahlt in schneeigem Glanze klar
Und breit der Mond; es lächelt in seiner Näh'
Der Stern der Venus und sein lichter
Zitterschein färbet den Himmelsbogen.

Es scheint, als sollte aus diesem Friedensnest
Der Mann, geheim, zum Liebesgespräche zieh'n
In kleinem Kahn, gewiegt von Zephir,
Während die Herrin zum Venussterne

Mit unentwegten Augen emporblickt. O
Italien, der Jahrhunderte Herrin, du,
Der Sänger und der Dulder Herrin,
Schmerzengeweihte, erhab'ne Witwe!

Von hier durchzog die Meere dein Treuer, dich
Suchend. Geschlungen um seinen Löwenhals
Den Poncho, hoch auf seiner Schulter
Tragend den Säbel des Römerfeldzugs,

Stand Garibaldi. Schweigend sich näherten
Zu fünf, zu zehn, verschwanden im Schatten dann
Die dunklen Schar'n, die tausend Rächer,
Welche das Schicksal erkoren hatte,

Gleichwie Piraten, welche zum Raube ziehn;
Für dich, Italien, zogen sie heimlich aus,
Für dich den Tod erbettelnd von dem
Himmel, vom Meere und von den Brüdern.

Von Licht und Liedern, die in dem Meere fern
Erstarben, glühte Genua herrlich aus
Dem Marmorkreis seiner Paläste
Während der mondhellen Abenddämm'rung.

O Haus, wo ein prophetischer Genius
Dem Pisacane wies die Verhängnisfahrt,
Wo Harold dürstend sich ersehnt das
Heldengewaltige Missolunghi!

In jener Abendstunde des fünften Mai
Umschlang die weißen Zinnen olympisch Licht
Mit einem Strahlendiademe
Und jenes Opfer war Sieg, o Dichtung!

Und du, o Stern der Venus, Italiens Stern
Und Stern des Cäsar, schautest mit Lächeln zu,
Es glänzte nie dein Licht auf einen
Heiligern Italerlenz hernieder,

Seit des Äneas schicksalerfülltes Schiff
Den Tiber aufwärts fuhr unter tiefer Ruh'
Und, bei den Hügeln, die das hohe
Rom sich erheben sah'n, Pallas hinsank.

Italischer Gruß

O altital'sche Verse, der Molosser knurrt,
Daß mit des Fingers Geklopf ich euren Rhythmen folge,
den

Verstreuten, sie zurückberufe, Bienen gleich,
Welche mit Summen sich schar'n, wenn man ans Kup-
fer dröhnend schlägt.

Aber ihr fliegt – wie bei dem ersten Zephirhauch
Aus ihrem bergigen Horst die jungen Adler fliegen –
aus

Dem Herzen mir. Ihr fliegt und fragt das Murmeln
bang,
Das von den julischen Höh'n und von den Höhen Räti-
ens

Die Winde aus dem grünen Flußbett senden, von
Epischem Zorne erfüllt, vom Heldensange stolz beseelt:

Es weht wie Seufzer auf den Silber-Garda hin,
Tönt wie ein schluchzender Ruf auf Aquilejas öder
Flur.

Die Toten um Bezzecca horchen, wartend, auf:
»Wann?« ruft Bronzetti, er ragt gespenstergleich im
Wolkenflor.

Die Alten wiederholen traurig sich die Frage: »Wann?«
Einmal begrüßten sie dich, Trient, mit schwarzem Lo-
ckenhaar.

Mit heißem Beben fragt die Jugend: »Wann?« Sie sah
Lächeln der Adria Blau erst gestern von San Giusto aus.

O eilt zum schönen Meer Triests und zu den Höh'n
Und zu den Geistern im Flug, ihr altital'sche Verse, mit

Dem neuen Jahre: zu San Giustos römischen
Resten enteilt mit dem Strahl, der San Petronio purpurn
färbt.

Begrüßt in seinem Golfe Justinopolis
Istrias Perle, begrüßt den grünen Hafen, Muggias Leu;

O grüßt der Adria göttergleiches Lächeln mir,
Bis dort, wo Pola, mit Stolz, die Tempel Rom und Cäsar
zeigt!

Wo noch, beschauend, in der Urne, Winckelmann,
Herold der Künste, des Ruhms, inmitten von zwei Völkern ruht,

Im Angesicht des Fremdlings, der bewaffnet auf
Unserem Boden weilt, singt: Italien! Italien!

An eine 1848 er Flasche Valtellina

Du hingst als blüh'nder Schößling auf rätischen
Abhängen, duftend; unter dir murmelten,
Vorüberfliehend, blaue Flüsse
Silberschaumwälzend aus Alpenhöhe,

Als der April, vom Po bis zum Stilfserjoch,
Im Ruhmesglanz Italiens lächelte
Und das Lateinervolk sich mit dem
Rittergurt gürtete gegen Östreich.

Du gärtest trüb im Bottich gefangen, als
Oktober von Italiens Zuckungen
Erbebte und – o starkes Rätien! –
Dort, zu Vercea, Chiavenna sechzig

Helden vereinte, dürstend nach freiem Tod:
Und Hainau hielt die grimmige Wut zurück,
Zurück die Donaupferde, welche
Vor dem dreifarbigen Banner scheuten.

O freier Väter Tochter, o Rätien,
Heil dir! Noch freier bist du zu neuem Ruhm!
Beim schönen Sonnenschein der Alpen
Schenkt sich dein edler Wein, singend, schön ein;

Singend das Lied italischer Tage, als
Zu deinen Pässen liefen die Völker hin
Und unsre Fahne in dem Schnee aufs
Fliehende Österreich niederstrahlte.

Die, Sieg ersehnend, fielen, erheben sich
Als leichte Schatten wohl beim bekannten Lied ?
O Brüder, Ruhm sei euch zuteil! Noch
Nicht ist erfüllt des Jahrhunderts Arbeit.

Doch in den Alten lebt eure Seele fort
Und in den Jungen glüht euer Blut: wir woll'n,
Italien, deine Ruhmesfahn' auf
Anderen Alpen dem Wind entfalten.

Miramar

Miramare, zu deinen weißen Türmen,
Die der Regenhimmel umdüstert, kommen,
Unheilvollen Vögeln im Fluge gleichend,
Finster die Wolken.

Graulich aus dem grimmigen Meere steigen
Wellen; gegen deinen Granit sie schlagen;
Wie ein Vorwurf zürnender Geister klingt es,
O Miramare.

Trüb erscheinen unter der Wolken Schatten,
In den Buchten Städte, betürmet: Muggia
Und Pirano, Egida und Parenzo,
Perlen des Meeres.

Gegen dieses Bollwerk von Felsen schleudert
Seinen ganzen tosenden Zorn das Meer, wo,
Habsburgs Feste, du nach zwei Seiten hin zur
Adria ausblickst.

Längs des rostgefärbten Gestades donnert
Über Nabresina der Himmel; zwischen
Wolken hebt Triest aus dem Hintergrund sein
Blitzegekröntes

Haupt empor. Wie lächelte ganz in holder
Wonne jener Morgen Aprils, als mit dem
Anmutvollen Weibe der blonde Kaiser
Auszog zur Seefahrt!

Aus dem Antlitz leuchtete friedlich ihm der
Herrschaft männlich Können: es schweifte seines
Weibes himmelblaues und stolzes Auge
Über das Meer hin.

Für des Glückes Tage umsonst erbautes
Heim der Liebe, Schloß, lebewohl! Hinweg, auf
Wüste Ozeane entführt ein andrer
Windhauch die Gatten.

Sie verlassen hoffnungsheiß die mit Siegen
Und mit Weisheitssprüchen geschmückten Säle.
Dante, Goethe sprechen aus lebensvollen
Bildern umsonst zum

Fürsten. Mit beweglichem Antlitz lockt ihn
Eine Sphinx hinaus auf die Wasserwogen;
Und er folgt ihr – mitten geöffnet läßt er
Den Romanzero.

Ach! Kein Sang von Liebe und Abenteuern,
Kein Guitarrenschall wartet seiner in dem
Spanien der Azteken! Welch langgezogen
Klagelied schwebet

Von Salvores traurigem Kap her, auf den
Lüften, während heiser die Wellen stöhnen?
Singen tote Veneter oder alte
Istrische Feen?

»Dir zum Unheil steigst du, auf unsrem Meer, ins
Unglücksschiff *Novara*, o Sohn von Habsburg.
Finster folgt die Furie dir, das Segel
Öffnend dem Winde.

Siehe, wie die Sphinx ihr Gesicht verändert,
Treulos in die Ferne vor dir entweichend!
Stiert aus blassem Antlitz nach deinem Weib die
Irre Johanna?

Grinst dich an, vom Rumpfe getrennt, der Schädel
Antoinettens? Starrt aus verwesten Augen
König Montezumas Gesicht nach dir, das
Struppige, gelbe?

Zwischen Ungeheuern, von mildem Winde
Nie bewegten Waldungen von Agaven,
Steht Huitzilopochtli, der Gott, auf seiner,
Bläuliche Flammen

Durch der Tropen nächtliches Dunkel sprüh'nden
Pyramide, witternd dein Blut; sein Blick schweift
Weithin übers Meer und er ruft mit Heulen:
– Komme! Ich warte

Schon so lange! Grausam zerstörten Weiße
Mir das Reich, zertrümmerten meine Tempel,
Karls des Fünften Enkel, du angelobtes
Sühnopfer – komme!

Ich begehrte nicht deine schmachbedeckten,
An der Schwindsucht siechenden, an der Krone
Wut verglüh'nden Ahnen; o frische Blume
Habsburgs, ich wollte

Dich und pflücke dich. Sende, Maximilian,
Reiner, starker, schöner, als Totenopfer
Dich zur großen Seele Guatmotzins, die im
Sonnenzelt herrschet.«

An die Königin von Italien

20. November 1878.

Von woher kamst du? Welche Jahrhunderte
Haben so mild und schön dich zu uns gesandt ?
Wo sah ich, Königin, dich einmal
In den Gesängen der heil'gen Dichter?

Auf schroffen Burgen, als an lateinischer
Sonne Germanen, rotblond und blaugeäugt,
Sich bräunten; unter Liebesblitzen
Waffen erklirrten im neuen Liede?

Die blonden Jungfrau'n folgten dem düsteren
Gleichklang erblassend und sie erflehten mit
Den schwarzen, feuchten Augen von dem
Himmel Vergebung für den Bedrücker.

Oder in jenen spärlichen Tagen, als
Italien ganz ein Mai war, das ganze Volk
Ein Ritter? Der Triumphzug Amors
Strebte durch zinnengekrönte Häuser

Den Plätzen zu, die fröhlich von schneeigem
Marmorglanz, Blumen, Sonne erschimmerten;
Und Dante sang: »O Wolke, die du
Schwebst in dem Schatten der Liebe, lächle!«

Wie auf der Alpen Gipfel der weiße Stern
Der Venus sich im jungen Aprile hebt
Und, seine friedevollen Strahlen
Auf den vergoldeten Firnen brechend,

Lächelnd die arme, einsame Hütte grüßt,
Lächelnd die fruchtbar blühenden Täler grüßt
Und Nachtigall'n und Liebesworte
Wachruft unter der Pappeln Schatten,

So ziehst im Demantschein deiner Krone du
Strahlend und blond vorbei und es findet stolz
Das Volk an dir sein Wohlgefallen,
Wie an der Tochter, die zum Altar geht.

Mit Lächeln unter Tränen betrachtet dich
Das Mägdlein, schüchtern streckt es die Arme aus
Nach dir und redet dich wie eine
Ältere Schwester an: »Margherita!«

Und, die im wilden Kampfesgetümmel frei
Geborene, alcäische Strophe fliegt
Zu dir und kreiset dreimal um dein
Haar mit dem Fittich, dem sturmerprobten;

Und – »Heil dir«, ruft sie singend, »Erhabene,
Die mit der Krone kränzten die Grazien,
Aus der das Mitgefühl so lieblich
Redet im Wohllaut der sanften Stimme!

Heil, Gute, dir, so lange bis Raffaels
Gebilde durch das heitere Abendrot
Italiens schweben und Petrarcas
Sang unter Lorbeeren seufzend tönet.« –

Courmayeur

Becken lebend'gen Smaragds, zwischen finsteren Pässen eröffnet,
Frommes Courmayeur, ich begrüß' dich.
Lächelnd bestrahlt, von den Grandes Jorasses und der steilen und schönen
Grivola, dich die lieblichste Sonne.

Milde Geheimnisse streut auf dich hernieder der kalte Mond, überragend die Tannenwälder,
Während sein starrer und weißer Schimmer auf öden Gletschern
Trugbilder weckt und bewegliche Schatten.

Dora, die blaue Jungfrau, bewässert dich singend: sie kennt der
Quellen Ursprung, sie kennt der Geschlechter
Wiegen: der Alpen tiefe Geheimnisse preist sie im Liede,
Und der Völker Gesänge und Waffen.

Der Lawine Getös' erdröhnt von der schaurigen Brenva,
Wälzt sich die schwarzen Klüfte herunter;
Unverwandt blickend steht auf dem blüh'nden Altane die Jungfrau
Und sie denkt an verflossene Winter.

Aber von Wiesenhängen, wo fröhlich der purpurne Mohn wächst,
Zwischen der Gerst' und dem goldigen Roggen
Hebt sich zum Fluge die Lerche; sie trillert ihr luftiges Liedchen:
Heit're Gesänge sinnt meine Seele.

Frommes Courmayeur, sei gegrüßt! Italiens letztes
Lächeln zu Füßen des Riesen der Alpen

Bringst du mild. Ich besing' dich im Verse Italiens,
Spenderin von Ruh' und Gesängen.

Fliehender Wolken Schatten umschwebt deine grünen-
den Wiesen,
Auf meinem Geiste schwebet die Muse.
Liebend erblick' ich den Rauch, der am kalten, leuch-
tenden Morgen
Deinen zerstreuten Weilern entstiegen,

Grau den weißlichen Dampf umschlingt, der aus Ber-
galtären
Sich in den göttlichen Himmel verlieret:
Leis hinirrend verliert sich die Seele; von Trauererinne-
rung
Steigt sie empor zu ewiger Hoffnung.

Die Laute und die Leier

An Margherita Königin von Italien.

Wenn die savoyische Frau ihren Strahlenblick
Zur Laute wendet und zur gedenkenden
Vermittlerin heroischer Klagen
Neiget die Hand und die hehre Stirne,

So rührt bewußt ein Geist die geschmeidigen
Saiten, es steigt die Muse vergang'ner Zeit,
Von Goldesfunken überflutet,
Aus dem gewölbten, geheimen Busen.

Ein Chor und ein Gesang von ätherischen
Gestalten, wie sie Dante einst schweben sah
In wohllautvoller Stanze Kreisen,
Zieht um Italiens Margherita.

»Ich«, sagt die eine – goldig umflutet ihr
Das Haar die schneeig schimmernden Schultern und
In der Verzückung lichten Wogen
Schwimmen die Augen, die Himmel suchend –

»Ich«, sagt sie, »bin die edle Canzone, o
Königin; zu den Himmeln, aus Dantes Seel',
Entschwang ich mich, als er im Maie
Zeichnete Engel- und Geisterscharen.

Über Petrarcas Tränen erhob ich mich,
Färbend mit Azurbläue das Äthermeer;
Ich zündete die Sternenkrone
Über dem Goldhaar von Avignon an.

Ein höh'rer Seelenseufzer entwallte nie
Dem Sang. Ich will dein Ruhmeslied hoch empor
Zu den zwei Dichterfürsten tragen,
Welche Italien offenbarten.«

»Die Erde mir gefällt«, hebt die Zweite an –
Sie schnellt im Lied empor und den Schild und Speer
Läßt sie erschallen; aus dem Helme
Fliehen im Winde die dunklen Locken –

»Die Erde mir gefällt, wenn die stählernen
Blitze, wenn Eisenschauer die Lüfte jäh
Zerteilen, wenn die Banner vor den
Flutenden Stürmen der Rosse stürzen.

Wer sich vorm Tode fürchtet, den lächeln nicht
Die Musen an im Himmel, die Jungfrau'n hier.
Savoya, vorwärts! Noch nicht hast du
Ganz deine Fahne dem Wind entfaltet.

Sirventes heiß' ich, und mir gebührt der Aar,
Der von Superga bis zu dem Tiber fliegt
Und streng die Blitze hält und strebet
Nach dem dreifarbigen Regenbogen.«

»Und ich«, so sagt die dritte – den Veilchenkranz
Windet sie und umschattet das Antlitz schlicht
Mit Rosen und Ligustern unter
Ihren kastanienbraunen Haaren –

»Ich bin das Pastourelle: doch den Widerhall
Von Liebelei, Verschmähung und Tanz und Lust
Geb' ich nicht mehr zurück, es schwebet
Über die Erde ein Trauerschatten.

Aus grünen Weiden, wo das Gebrüll erschallt,
Aus gold'gen Feldern, obstreichen Hügeln, aus
Den Forsten, wo die Äxte dröhnen,
Und aus den rauchigen, armen Hütten

Bring' ich das zarte Lachen der Kinder dir,
Die Tränen auch der Bräute, der Töchter und
Den Wink ergreister Häupter, welche
Dich als barmherzige Mutter grüßen.

Solche Gebilde, solche Gestalten zieh'n,
O Herrin, von der lieblichen *Laute* mit
Gesang um dich; ich gebe sie der
Leier anheim der gewalt'gen Roma,

Hier, wo die weiße Wonne der Alpen, von
Den unberührten Gipfeln, am herrlichsten
In Fluten strahlt bei Sonnenschein,
Aus dem unendlichen Kreis; wo blau im

Silbernen Rahmen talwärts die Dora stürzt,
Donnernd durch Pässe, suchend Italien,
Wo mit dem Schwerte und dem weißen
Kreuz deine eisenbedeckten Ahnen

Herunterstiegen. Staunend erheben sich
Vom großen Schneealtare die Geister des
Montblanc, zu hören in den lichten
Rhythmen Venosas die Sprache Dantes

Und, nach der Leidenszeit des Barbarentums,
Legen sie Lydias Lorbeer, der ewiglich
Im Ruhmesglanze grünet, um die
Stirn der savoyischen Margherita.

Sie preisen dir, umwogt von Jahrhunderten,
Die Seele zweier kräftiger Zeiten, o
Du Tochter und du Königin des
Heiligen, neuen Lateinervolkes.«

II. Buch

Musa latina, vieni meco a canzone novella:
Può nuova progenie il canto novello fare.

T. Campanella.

Der Eisvogel

Nicht unter eiserner Spitze, die, boshaft knirschend, durchfurche
Hinter dem öden Begriff, trockenes weißes Papier;

Unter der hohen Sonne, in breiten, vom Winde bewegten
Sonnigen Feldern und längs lieblicher eilender Flut

Sprießet der Herzensseufzer empor, der im Endlosen schwindet,
Sprießet der Melodie süßer und sinnender Flor.

Hier durchleuchtet der Mai den rosenduftenden Äther,
Leuchten die Augen leer, schlummert im Busen das Herz,

Schlummert das Herz, es horchen die Ohren bereitwillig auf, wenn
Schrill der Gioconda Musik, buntfarben schillernd, ertönt.

Ach, der Musen Altar, vom grünenden Gipfel schneeweiß
Blickend aufs Meer! Alkman führet der Jungfrauen Chor:

»So wie der Eisvogel fliegt, von den Weibchen getragen, so will ich,
O ihr Mädchen, mit euch fliegen, ja fliegen zum Tanz:

Mit den Weibchen im Flug schwebt der Eisvogel hin, er verkündet
Purpurn des Frühlings Näh', unter der Schaumflut des Sturms.«

Phantasie

Wenn du sprichst, überläßt leise dem weichen Hauch
Deiner Stimme mein Geist sich und den kosenden
Wellen deines Gesprächs gibt er sich ganz anheim,
Schifft zu fremden Gestaden hin.

Schifft im laulichen Glanz scheidender Sonne hin,
Die das einsame Blau mit ihrem Lächeln grüßt,
Zwischen Himmel und Meer schneeige Vögel zieh'n,
Grüne Eilande flieh'n vorbei.

In des Abendrots Schein blitzen in parischem
Marmorglanz auf den Höh'n ragende Tempel, und
Die Zypressen am Strand beben im Flüsterton,
Dichte Myrten verhauchen Duft.

Weithin schwebet der Duft über die salzigen
Lüfte hin und vermischt sich mit dem langsamen
Lied der Schiffer; ein Schiff zieht, vor dem Hafen, voll
Ruh' die purpurnen Segel ein.

Von der Bergstadt herab seh' ich in langer Reih'
Mädchen ziehn, sie umfließt lieblich der Peplos licht
Und sie singen, bekränzt, breiten die Arme aus,
In den Händen den Lorbeerzweig.

In des Vaterlands Strand steckt seine Lanze, schwingt
Sich aufs Ufer ein Mann, leuchtend im Waffenglanz;
Ist's Alkaios vielleicht, der, von den Schlachten heim,
Zu den lesbischen Jungfrau'n kommt?

Ruit Hora

O inniglich ersehnte, grüne Einsamkeit,
Vom Lärm der Menschenwelt entfernt!
Zwei Götter teilen mit uns die Genossenschaft:
Der Wein, die Liebe, Lydia!

Wie lächelt in dem blinkenden, kristallnen Glas
Lyäos, ewig jugendlich!
Gott Amor nimmt die Binde ab und siegt im Licht
Der Augen dein, o Lydia.

Es lugt die tiefe Sonne durch die Laube, bricht
In meinem Glas sich rosenrot,
Auf deine Haare sprüht sie gold'ne Funken und
Erzittert leis, o Lydia.

In deinen schwarzen Haaren, weiße Lydia,
Welkt eine blasse Rose hin
Und plötzlich mildert eine süße Traurigkeit
Die Liebesglut im Herzen mir.

O sag', warum im Flammenlicht des Abendrots
Geheimnisvoll dort unten klagt
Das Meer: Was singen sich für Lieder, Lydia,
Die Pinien dort einander zu?

Sieh', wie die Hügel sehnend ihre Arme nach
Der Sonne strecken, die versinkt!
Der Schatten steigt, verhüllt sie: um den letzten Kuß,
So scheint es, fleh'n sie, Lydia.

Lyäos, Freudenspender! Wenn der Schatten mich
Umhüllet, will ich deinen Kuß
Und wenn Hyperion flieht, o lichte Lydia,
Verlang' ich nach den Augen dein.

Die Stunde flieht dahin. O rosenroter Mund,
Erschließe dich! O Seelenblum',
O Sehnsuchtsblume, öffne deine Kelche mir!
O teure Arme, öffnet euch!

Auf dem Bahnhof

an einem Herbstmorgen.

Ach, wie verfolgen jene Laternen dort
Einander träge hinter den Bäumen, durch
Das regenperlende Gezweige
Gähnend das Licht auf den Kot verstreuend!

Klagend und gellend, kreischend ertönt ein Pfiff
Vom Dampfroß in der Näh'! Es umlagert uns,
Gleich einem riesigen Gespenste,
Bleiern der herbstliche Morgenhimmel.

Wohin, wozu bewegt sich dies Volk in Eil'
Um jene düstern Wagen, verhüllt und stumm?
Zu welchen unbekannten Leiden
Oder entschwundener Hoffnung Qualen?

Dem knappen Schnitt des Wärters, o sinnende
Lydia, gibst auch du deine Karte hin
Und gibst der raschen Zeit die schönen
Jahre, die Andenken, süße Stunden.

Wie Schatten geh'n und kommen die Wächter längs
Des schwarzen Zugs mit schwarzen Kapuzen, und
Sie tragen matte Handlaternen,
Eiserne Hämmer; die Eisenbremsen

Antworten auf das Pochen mit traurigem
Und langgezog'nem Tone: verdrossen schallt
Ein Echo aus dem Seelengrunde
Schmerzlich: ein krampfhaftes Zucken scheint es.

Wie Schimpf erschallt das Krachen der hart ins Schloß
Geworf'nen Türen, und wie ein Hohn erklingt
Der letzte, rasch gegeb'ne Mahnruf;
Dicht auf die Gläser der Regen trommelt.

Schon faucht und rüttelt, keuchet das Ungetüm,
Seiner metall'nen Seele bewußt und reißt
Die Flammenaugen auf, wirft riesig.
Trotzend den Weiten, den Pfiff ins Dunkel.

Das Ungeheuer geht, und mit Schauerton
Die Flügel schlagend, trägt es hinweg mein Lieb,
Im Dunkel schwindet, grüßend, ach, das
Weiße Gesicht und der schöne Schleier.

Süßes Gesicht, von rosigem Blaß umhaucht,
Friedliche Sternaugen, du schneeige,
In Liebreiz hingeneigte Stirne,
Unter den blühenden Locken strahlend!

Als ihr mir lachtet, bebte der Lebenshauch
Des Sommers in dem laulichen Lüftemeer;
Es freute sich des Juni junge
Sonne, zu küssen mit ihrem Lichte

Die weiche Wange unter dem Widerschein
Der braunen Haare; um ihre liebliche
Gestalt sich schlangen, schöner als die
Sonne, wie Glorienschein, meine Träume.

Nun kehr' ich unter Regen und Finsternis
Zurück und möchte gerne mit ihnen mich
Vermengen und wie trunken wank' ich,
Fühle mich an: bin ich auch ein Schatten?

Wie fallen jene Blätter so eisigkalt,
Beständig, stumm und schwer auf die Seele mir!
Mich dünkt, daß der November einzig,
Ewig und überall herrscht im Weltall.

Wer das Gefühl des Daseins verlor, dem ist
Wohler in dieser nebligen Finsternis.
Ich will, ich will in ein verdross'nes
Ewiges Hindämmern mich versenken.

Mors

Während der Diphtheritisseuche.

Wenn sich auf unsere Häuser die unerbittliche Göttin
Niedersenkt, wird ihr Flug brausend von ferne gehört,

Und der Schatten des Fittichs, der sich mit eisigem We-
hen
Nähert, streuet umher schauervoll düstere Ruh'.

Unter der Kommenden neigen ihr Haupt zur Erde die
Männer;
Aber des Weibes Brust zittert in stöhnendem Schmerz,

Wie wenn der Juli den Sturm zusammenballt und in
hohen
Wäldern kein einziges Weh'n grünende Wipfel durch-
eilt:

Unbeweglich stehen die Bäume wie schauerdurchrie-
selt
Und man hört nur des Quells klagenden, heiseren Ton.

Nun ist sie da, geht vorbei und berühret und schaut
nicht und schmettert
Stauden zu Boden, die sich sprießender Zweige er-
freu'n;

Mähet die jungen Ähren und bricht auch die grünen-
den Trauben,
Pflücket die fromme Braut, pflücket die liebliche Maid

Und die Kinder: sie strecken, vom schwarzen Flügel
umschauert,
Rosig zur Sonne, zum Spiel, lächelnd die Arme empor.

Weh, ihr traurigen Häuser, wo du vor den Augen der
Väter,
Göttin, schweigsam und blaß, knospendes Leben er-
stickst.

Dort erhallen nicht mehr die Räume von fröhlichem
Lachen
Oder vom Wispern, wie Nester der Vögel im Mai.

Dort erklingen nicht mehr die fröhlichen Werdejahre,
Waltet die Liebe nicht mehr, regt sich kein bräutlicher
Tanz;

Dort, vom Schatten umhüllt, die Überlebenden altern,
Nach deiner Rückkehr Gebraus spannend, o Göttin, das
Ohr.

Ein St. Peter-Abend

Ich gedenke: ins Meer, zwischen purpurnen Dämpfen
und warmen
Wolken, sank fahlrot die Sonn', einem großen Kupfer-
schild ähnlich,
Der in Barbarengefechten schwankt und funkelt und
stürzet.
Castiglioncello lächelte hoch unter Gruppen von Ei-
chen,
Aus seinen Scheiben mit irrem, erglühendem Feenge-
lächter.
Aber traurig und matt (der Maremmen Fieber seit kur-
zem
Hatte ich abgeschüttelt, es wogen wie Blei meine Ner-
ven)
Blickt' ich zum Fenster heraus. Die eiligen Schwalben
umkreisten
Immer und immer aufs neu in schrägen Flügen die
Traufen
Und durch den tückischen Abend die braunen Sperlin-
ge schrieen.
Schmal im Gehölze wechselten ab der Plan und die
Hügel,
Halb von der Sichel berührt und halb noch regsam und
goldig.
Brennend rauchten die Stoppeln entlang der graulichen
Furchen;
Hin und wieder, getragen, entfernt und klagend und
müde
Kam der Gesang der Schnitter herauf durch die dunsti-
gen Lüfte;
Schwer bedrängte die Schwüle die Luft, das Meer und
die Pflanzen.
Zu der Sonne hob ich die Augen: »Erhabenes Weltlicht,
Wie ein trunk'ner Zyklop von der Höhe blickst du aufs
Leben!«
Unter Granatbäumen krächzten die Pfauen, mich höh-

nend, und eine
Fledermaus zog verirrt am Haupte mir nahe vorüber.

Den Chiarone entlang, von Civitavecchia aus *Marlowe lesend.*

Kahl und triefend, gebeugt wie Totengräber am Grabe,
Spärliche Bäume stehn rings um den schmutzigen
Rand.

Langhin strecket das bleierne Wasser sich aus und es
zittert
Unter der düsteren Luft, zwischen dem wüsten Gehölz.

Aus dem Meere trinken die Wolken mit hängenden
Trichtern;
Auf die Hügel herab trübe der Sonnenstrahl lacht.

Grindköpfe im Hospital die Hügel scheinen; der eine
Ekelt den anderen an aus dem benachbarten Bett.

Aus einem Busch, wie versagende Pfeile, schnellen
zwei schwarze
Vögel: es senkt sich ein Falk träge in Kreisen herab.

Während ich Marlowe lese, die Sonne sinkt und der
Regen
Brauset, eilt das Gespann magerer Stuten dahin.

Sieh'! Es verfinstert sich mählich der grauenerregende
Wald, der
Bäume- und Geisterwald, Dante, wo seltsam Gestöhn'

Du unter seltsamen Pflanzen vernahmst und wo du
den Zweig am
Dornbusch brachst, der die Seel' Pier de la Vignas um-
schloß.

Marlowe lese ich noch. Aus dem bösen und scheelen
Verse,

Der dem Traum eines Manns gleicht, der in Bier sich
bezecht,

Strömt ein stechender Dampf von gräßlicher Traurig-
keit, welcher
Unter die Bilder von Haß, Blutschande, Morden sich
schwingt,

Welcher emporschwebt und raucht und, gesellt zu der
tückischen Luft mit
Ungeheuern, umher hängende Wolken besät;

Der im Grunde der Gräber krächzt, im Gestrüppe ros-
tig
Grinst und ins müde Gebein tief mit dem Regen sich
stiehlt.

Ich erzittere. Ach, jene Pinien, jahrelang schon vom
Wind und vom Meere gebeugt, scheinen mit traurigem
Ruf

Mir zu sagen: Verlohnt dies Streben nach Hohem? Dies
Kämpfen?
Frommt die Liebe? Das Los streift und erniedrigt. –
Doch du,

Trauriger Kork, der, am Boden zerquetscht, das Haupt
noch emporhebt,
Arger Buckliger, Gott lästernd, was streckst du zu mir

Drohend empor deine krummen Arme? Bin ich denn
An dem Verhängnisse schuld, das dich verurteilt? Und
ihr,

Lange Zitterpappeln, inmitten des düstern Geheges,
Mit dem gesenkten Geäst silbrigem Haupthaare gleich,

Seid ihr auch Zitterpappeln, seid ihr die drei furchtbaren Schwestern,
Die auf dem Schicksalsweg Macbeth erwarteten einst?

Ich vernehm' euer grausiges Lied von Kröten und Schlangen,
Blutenden Herzen, das ihr murmelt im Chor mit dem Wind.

Wilhelm, König der Dichter, mit hoher und heiterer Stirne,
Warum sendest du mir düstere Botschaften her?

Ich ermordete nicht den Schlaf, nein andere brachen
Mir das Herz und kein Reich such' ich, ich will von der Welt

Nur Vergessen! Vergessen? Nein, Rache! Ihr alten Leichen,
Kummergedanken ihr, alle mit klaffender Wund',

Alle gemeuchelt! Empor! Empor! aus dem Friedhof des Busens,
Gebt euren Totenflor, gebt ihn den Sturmwinden preis.

Lasset uns hier in dem gräßlichen Raum, bei den lässigen Schatten,
Auf den Gewässern des Tods, hier uns versammeln zu Rat.

Zwischen den weißen und goldigen Blumen bläht sich die Erde
Hier von Schlangen, es lacht, strotzend von Giften, der Lenz.

Trunken kichert der Vers, in boshafter Freude, wie Schlange,
Welche heranschleicht, sich krümmt, und unter Zischen sich streckt.

Fliegt, o flieget dahin, ihr Vampirengesänge, und sucht die
Herzen, die wir geliebt! Blut sei vergolten mit Blut!

Aber wie? Es enthüllt sich der Argentaro von ferne –
Herrlich! Er neigt sich gemach in das tyrrhenische Blau.

Sonnig leuchten die Höh'n. Dort im Hintergrunde sind meine
Hügel mit heiterem Blick, heiligen Andenken; dort

Lächelte mir, dem Knaben, das göttliche Antlitz Homeros'.
Marlowe, ins Wasser mit dir! Ruchloser Wald, lebe wohl!

An der Tafel des Freundes

O schöne Gottheit, Sonne, du lachtest mir
Aus Lüften, die als Kind ich geatmet, nie
So hell wie heut', wo ich dein Lichtmeer
Liebend bewundere in den breiten

Straßen Livornos. Niemals, o Bromius,
Glühtest als weis' gewogener Tröster du
Im Kelch wie heut', wo ich dem Freunde
Zutrinke, eingedenk noch der Pässe

Des Apennin. – O Sonne, o Bromius,
Laßt unversehrt uns, nicht ohne Lieb' und Klang,
Den Freund und mich, zu stillen Schatten,
Dort, wo Horaz weilt, heruntersteigen;

Lächelt die Wünsche aber den Kleinen zu,
Die, süßen Blumen ähnlich, die Tafel zier'n;
Den Müttern Frieden und den kühnen
Jünglingen Liebe und Ruhmestaten.

Metrische Gründe

Brachst du, o Clölia, schwimmend des Tibers Wellen,
wie deine
Ahne? Kommst du zu uns, als neue Rea genaht?

Enkelin Reas, der Schritt des Hendekasyllabus hat ein
Allzu kärgliches Maß für deiner Schönheiten Höh'n.

Über den heiligen Weg der gesichelten Schultern kann
einzig
Der Hexameter zieh'n mit triumphierendem Fuß.

Um die kapitolinische Burg des Phidischen Halses
Schlinge, wie Albas Kranz, weich der Pentameter sich.

In deiner Augen Strahl, welcher ungestüm blitzt wie
die Sonne
Zwischen Pränestes Höh'n, hinter dem Morgenrot, soll

Bebend die Fittiche schwingen, an kräftiger Liebe er-
wärmt, die
Strophe Alkaios'. Zurück, niedriger Vers: Septenar!

Auf dem wallenden Haar, das über die parische
Dämm'rung
Dorischer Formen wie Nacht niederfließt, leuchte ver-
klärt

Der asklepiadische Vers, als goldene Krone von Ster-
nen;
Lasse die Oktonar', Enkelin Reas, der Magd!

Alte Figürchen

Gleich einem von der Mutter geschlagenen,
Oder in dreistem Kampfe auf üble Weis'
Besiegten Kind, das mit geballten
Fäusten und düsteren Brauen einschläft,

Schlummert in meinem Busen, o schneeige
Lalage, Amor, träumt nicht, beneidet nicht
Die and'ren frohen Kinder, die im
Rosigen Mai in der Sonne spielen.

O weck' ihn nicht! Sonst hörtest du, Lalage,
Wie er mit düstrem Zornruf die Lüfte trifft,
Der munteren Gefährten Spiele
Störend; ein Schlachtengott ist mir Amor.

Wintersonne

In der einsamen, still winternden Seele steigt
Leis die süße Erscheinung auf,
An das Trauergewölk' rührt sie; es löset sich
Schnell, und ziehet verfließend hin.

Schon beseelet aufs neu' Freude mit Himmelsglanz
Jeglich Sinnen: ich fühle, wie
Meine Geister durchbebt innige Lebenslust
Und es schwindet der starre Frost.

Aus der regsamen Höh' der Phantasien quillt
Manche teure Erinn'rung schon,
Durch die Schatten des Grauns fließt sie dem Tale mit
Frischen Bächlein von Tränen zu.

Fließt zu Tal, ihr Geraun ruft in den Grotten wach
Überlebender Liebe Klang;
Es ermuntern am Rand schlummernde Blumen sich
Bei dem fröhlichen Wellenspiel.

Fließt zu Tale: ein klar schimmernder Fluß nunmehr,
Wo sich Ufer und Bäume und
Hügel spiegeln, wo breit, friedlich der zitternde
Äther lächelt im Widerschein.

Auf den Gipfel des Seins, welcher in Wolken schwebt,
Steigst du, süße Erscheinung, auf
Und du siehst in dem weiß schimmernden Strahle sich
Niederwälzen den Seelenfluß.

Egle

Selbst im graulichen Winter ragt, efeu- und lorbeerum-
rankt, am
Traurigen appischen Weg manches verfallene Grab.

Durch den tiefblauen Himmel, aus dem der Regen noch
träufelt,
Zieht an der Sonne vorbei glänzendes, weißes Gewölk.

Zu jener heiteren Frühlingsverheißung richtet die Stir-
ne
Egle empor und schaut Wolken und Sonne sich an.

Schaut, und es lächeln die Wolken hoch über den alten
Gräbern,
Mehr noch als vor der Sonn', vor ihrer lieblichen Stirn.

Primo vere

Sieh'! Der Frühling befreit sich aus des lässigen
Winters Armen; entblößt zittert er noch im Hauch
Rauher Lüfte; verklärt leuchtet die Sonne durch
Seine Tränen, o Lalage.

In den Wiegen von Schnee wachen die Blumen auf;
Ihre Äuglein sich drehn neugierig himmelwärts;
Ihre Blicke umschwebt, zitternd, der Schattenhauch
Eines Traumes, o Lalage.

Eingehüllt in des Schnees schimmernden Überzug,
Ward den Blumen ein Traum während des Winter-
schlafs;
Morgen, dämmernd betaut, träumten sie, lauliche
Sonnen – Lalage, dein Gesicht.

Welches Traumbild umschwebt meine Gedanken im
Eingeschlummerten Geist? Und warum lächelt nur
Unter Tränen der Lenz, traurig, o Lalage,
Deiner schneeigen Schönheit zu?

Vere novo ???

»Komm, o Frühling!« rufet die Sonne; sie bricht aus den
weißen
Wolken hervor; im Blau schimmert ihr lächelnder
Strahl.

»Komm, o Frühling!«singet aufs neue mit friedlichem
Rauschen
In die Lüfte der Fluß zwischen den grünenden Höh'n.

In deine Augen, o reine Lalage, blicket der Dichter;
Zu seinem Herzen aufs neu': »Komme, o Frühling!« er
spricht.

Märzgesang

Wie ein schwangeres Weib, welches der schattende
Schlummer schmachtend umhüllt und es umfangen
hält –
Und es liegt auf dem Bett zitternd und aufgelöst;
Abgebrochene Laut', Seufzer zum Mund empor
Steigen; um das Gesicht plötzliche Röte eilt –

So die Erde: es flieh'n Schatten von Wolken in
Flecken über das Grün, unter der bleichen Sonn';
Feucht beweget ein Wind Pfirsich- und Mandelbaum,
Weiß und rosig umblüht, Blüten hernniederziehn;
Und die Scholle verhaucht aus ihren Por'n ein Lied:

»Himmelskühe, die ihr Weiden des Meers entsteigt,
Grau und weißes Gewölk, schüttet aus strotzenden
Eutern euere Milch nieder auf Feld und Höh'n,
Die ein grünendes Kleid lächelnd umschlungen hält,
Auf die Waldung herab, welche verjüngt erblüht.«

So, vom Schlafe erwacht, singen die Blumen; so
Singen Keime, die sich regen und Wurzeln, die,
Heiß von Sehnsucht erfüllt, strecken die Arme aus;
So, aus Toter Gebein, singen im Erdengrund
Lebenskeimlinge und Keime der Geisterwelt.

Sieh', das Wasser erbraust, grollend der Donner dröhnt,
Aus dem feuchtwarmen Stall steckt seinen Kopf das
Kalb
Und die Henne bewegt, gackernd, das Flügelpaar
Und der Kuckuck beklagt sich in des Gartens Grund;
Auf der Tenne herum hüpfet die Kinderschar.

Neigt zum Werk euch herab, kräftige Schultern ihr!
Und der Liebe erschließt euch, o ihr Herzen, jung!
Seelenfittiche, schwingt euch zu den Träumen auf!

Brecht zum Kampfe herein, düstere Wünsche ihr!
Was einst war, kehrt zurück, kehrt mit der Zeit zurück.

Herbstgruß

Auf grünen Hügeln und auf der Himmel Glanz
Und in den blüh'nden Seelengefilden ist
Für dich ein Fest des Frühlings alles,
Delia! Schwindet hinweg, ihr Gräber!

Dich rufen »süße Mutter!« zwei Töchterlein,
Und »süße Schwester!« rufen die Rosen dich;
Dein braunes Haar umkränzt mit ihrem
Lichte die göttliche Freundin Sonne.

Hinweg, ihr Gräber! Wie eine ferne Mär
Ist dir der Tod! O steige der Jahre Weg
Hinan: mit ihrer gold'nen Zither
Winket dir Hebe, von oben, heiter.

Drunten im Tale, kalt in dem Wirbelwind,
Seh'n wir dich lächelnd schweben zur Höh' empor;
Ein Lichtstrahl deines Lächelns bricht durchs
Lässige Nebelgewölk des Herbstes.

Auf Monte Mario

Die Zypressen steh'n auf des Monte Mario
Gipfel majestätisch, in leuchtend stiller
Luft und seh'n den stumm durch die grauen Felder
Fließenden Tiber;

Sehen unten, schweigenumhüllet, Roma
Ruh'n und vorne, wie einen ries'gen Hirten,
Der die große Herde behütet, sich San
Pietro erheben.

Laßt den Goldwein fließen, o Freunde, auf des
Lichten Hügels Gipfel: die Sonne breche
Sich darinnen; lächelt, ihr Schönen! Morgen
Werden wir sterben.

Unberührt, o Lalage, laß im duft'gen
Wald den Lorbeer, welcher beständig pranget,
Oder, durch dein bräunliches Haar geschlungen,
Glänze er matter.

Mit dem Vers, der sinnend einherschwebt, komme
Freudevoll der Becher zu mir, der Rose
Sanfte Blume, welche, den Winter flüchtig
Tröstend, vergehet.

Morgen sterben wir, so wie gestern starben
Die von uns Geliebten: als zarte, leichte
Schatten, fern dem Andenken, fern der Liebe,
Werden wir schwinden.

Sterben werden wir und es wird beständig
Um die hehre Sonne die Erde mühsam
Kreisen, jeden Augenblick tausend Leben
Funkengleich sprühend;

Leben, neu durchschauert von Liebeswonnen,
Leben, neu durchschauert von Kämpfen, Leben,
Die den neuen Göttern einst singen werden
Zukunftsgesänge.

Ihr noch nicht Gebor'nen, in deren Hände
Kommen wird die Fackel, die uns entsank, ihr
Werdet auch verschwinden im Grenzenlosen,
Leuchtende Scharen.

Erde, lebewohl, meines kurzbegrenzten
Denkens und der flüchtigen Seele Mutter!
Wie viel Ruhm und Leid wirst du um die Sonne
Ewiglich wälzen!

Bis der sieche Menschenstamm, von der flieh'nden
Wärme zum Äquator gedrängt, aus einem
Einz'gen Weibe nur, einem einz'gen Manne
Schließlich bestehe,

Die, hochauf, inmitten des Bergschutts, zwischen
Toten Wäldern, fahl, mit verglasten Augen
Sehen, wie du über dem mächt'gen Eismeer
Untergehst, Sonne. [Bild]

Die Mutter

(Gruppe von Adriano Cecioni)

Die Morgendämm'rung, welche die Bauern zum
Noch grauen Felde antreibt mit ros'gem Hauch,
Sah sicher, wie sie barfuß, eilig
Schritt durch den tauigen Duft des Heues.

Die weißbestäubten Ulmen vernahmen sie,
Wetteifernd mit den heis'ren Zikaden auf
Den Hügeln, mittags singen, auf die
Goldfurchen neigend die breiten Schultern.

Hob sie die volle Brust und ihr braun Gesicht,
Die rötlich blonden Locken vom Werke auf,
So färbten, o Toskana, deine
Abende feurig die kühnen Formen.

Jetzt hebt die starke Mutter ihr starkes Kind,
Sie hebt es hoch empor von der nackten Brust,
Bereits gesättiget, und plaudert
Lieblich mit ihm, das mit festen Augen,

Mit seinem kleinen, unruhig zitternden
Körper und mit den suchenden Fingern strebt
Nach seiner Mutter lichten Augen;
Auf schwingt die Mutter sich lachend, liebend.

Um sie herum die häusliche Arbeit lacht,
Vom grünen Hügel winken die Saaten her,
Erschauernd, und es brüllt der Ochse
Und auf der Tenne der blüh'nde Hahn kräht.

Mit solchen heil'gen Bildern, o Adrian,
Spendet Natur den Seelen der Starken Trost,
Die ihrethalb des Ruhmes flücht'ge
Schatten verschmäh'n, die der Pöbel ehret.

Daher, o strenger Künstler, vertrauest du
Ein Ideal der Zeiten dem Marmor an.
Wann wird die Arbeit froh sein? Wann wird
Über der Liebe ein Schutzgeist walten ?

Wann wird ein freies, kräftiges Volk, den Blick
Zur Sonne richtend, sagen: »Beleuchte nicht
Tyrannenmüßiggang und -kriege,
Sondern das heilige Recht der Arbeit«?

Für eine Blindenanstalt

Als Homer mit erloschenen, himmelwärts starrenden
Augen
Schimmerndes Schlachtengewühl schaute auf Trojas
Gefild';

Und als Milton, die Stirn in die kalten Schatten erhe-
bend,
Über die Welten Gott siegreich dahinschreiten sah,

Brach die Seele des Alls durch den reglosen Frost ihrer
Sinne,
In ihrem großen Geist leuchtete flammend die Sonn'.

Als der arme Tobias die weißen, tappenden Hände
Streckte, des Hundes Gebell hörend, da nahte sich hold

Heiliges Mitleid vom Himmel; der blonde Raphael ließ
die
Toten Augen das Licht seh'n und den herrlichen Sohn.

Abseits steh'n des Gedankens Helden auf weiter Erde
Und nach Raphael hin streckt ihre Arme die Welt.

Sommertraum

Unter den Schlachten, Homer, die dein Lied beständig
durchtosen,
Überwand mich die heiße Stunde; am Ufer
Skamandros'
Neigte mein Haupt sich zum Schlaf, zum Tyrrheni-
schen Meere jedoch mein
Herz enteilte. Ich träumte von meiner Jugendzeit fried-
lich.
Nicht mehr Bücher: das Zimmer, durchglüht von der
Julisonne,
Von den, dröhnend über den Kies der Stadt hinrollen-
den Karren
Hallend, erweiterte sich; es umstanden mich rings mei-
ne Hügel,
Teuere, wilde Hügel, vom jungen Aprile umblühet.
Über den Abhang floß mit frischem Gemurmel ein
Sprudel,
Welcher zum Flusse ward; am Flusse ging meine Mut-
ter,
Noch in blühenden Jahren; sie zog ein Kind an der
Hand nach,
Auf dessen weißen Schultern die goldigen Locken er-
glänzten.
Mit triumphierendem, kleinem Schritt, auf die Liebe
der Mutter
Stolz, ging das Bübchen einher, im tiefsten Herzen er-
griffen
Von dem unendlichen Fest, das Natur, die göttliche,
anhob;
Denn vom Schlosse herab erklangen die Glocken, ver-
kündend,
Christus kehre zurück in die Himmel am folgenden
Tage
Und auf den Gipfeln, im Feld, durch die Lüfte, die
Zweige, die Wellen
Eilte mit Geisterschwingen des Frühlings melodischer

Sang hin.
Pfirsich- und Apfelbäume erblühten über und über,
Weiß und rot; übersät mit gelben und blauen Blumen
Lächelte unten das Gras; der Wiesen Hänge umhüllte
Rötlicher Klee; es schmückten sich weich die Hügel mit
gold'nem
Ginster; ein lieblicher Hauch, vom Meer aufsteigend,
bewegte
Jene Blumen und Düfte; im Meere kamen vier weiße
Segel gelinde gezogen und wiegten sich leis in der Son-
ne,
Welche leuchtend das Meer und die Erd' und den
Himmel umstrahlte. Selig blickte die junge Mutter em-
por zu der Sonne,
Ich aber blickte zur Mutter und blickte sinnend zum
Bruder –
Dieser ruhet nun fern auf dem blühenden Hügel am
Arno,
Jene schlummert mir nah in der einsamen, hehren
Certosa –
Sinnend und zweifelnd, ob sie die Lüfte noch atmeten,
oder,
Von meinem Schmerze gerührt, aus einem Gefilde sich
nahten,
Wo unter trauten Gestalten des Glückes Jahr' sich er-
neuen.
Es verzogen die teueren Bilder sich, leis mit dem
Schlummer
Schwindend. Lauretta erfüllte mit fröhlichem Singen
die Zimmer,
Bice, zum Rahmen gebückt, folgte still dem Werke der
Nadel.

Toskanische Hügel

Hügel Toskanas und ihr, o stille Olivenwälder,
In deren schattiger Ruh', Liebe gedenkend, ich stand;
Tuskische Weinlese du, mit den purpurn schimmern-
den Trauben,
Die in der Sonne schäumen unter frohem Lärm;

Sonne der Jugendjahre! O lächelt dem lieblichen Mäd-
chen,
Welches mir Amor entreißt, Tusciens Himmel ver-
mählt;
Lächelt ihr zu und legt, was stets das Geschick mir ver-
sagte,
Das Glück der friedevollen Liebe, ihr ins Herz.

Schweiget, o Hügel, Olivenbäume, murmelt ihr nicht
zu,
Sonne, sag' ihr noch nicht, Traute, die alles erblickt,
Daß hinter jenem Berg, vielleicht ihrer harrend, die
Meinen
Nach trübem Leben, schmerzensbangern Tode ruh'n.

Staunend beschaut sie den Gipfel und fühlt, wie im
Herzen das Leben
Zittert, und, wie ein Hauch leise das Haar ihr berührt,
Während der Bergwind ums junge Haupt ihr den
schneeigen Schleier,
Da schon die Sonne niedersinket, wehen läßt.

Zu der Hochzeit meiner Tochter

O du, gebor'n, als über mein armes Haus
Die Hoffnung, einem flüchtigen Vogel gleich,
Dahinflog, und ich an der Zukunft
Tore in bitterem Zorne pochte;

Nun, da ich fest den Fuß an das Ziel gesetzt,
Das ich nach heißem Kampfe eroberte,
Und um mich her sich drängen, heiser
Kreischend, die schmeichelnden Papageien,

Entfliegst du, meine Taube, fliegst zitternd hin,
Zu flechten jenseits der Apenninen dir
Das neue Nestlein, in der süßen
Heimischen Luft der Toskanerhügel.

Zieh' mit der Liebe, zieh' mit der Freude hin
Und mit dem Unschuldsglauben! Den feuchten Blick
Auf den entflieh'nden Schleier heftet
Meine Kamöne und schweigt gedenkend;

Gedenkt der Tage, da du als kleines Kind
Die Blumen pflücktest unter Akazien
Und sie, dich haltend an der Hand, im
Himmel nach Bildern und Formen spähte;

Gedenkt der Tage, als um dein weiches Haar
Die Strophen flammenglühend sich schlängelten,
Den Oligarchen und dem feigen
Pöbel Italiens entgegenzuckend.

Du wuchsest, eine sinnende Jungfrau, auf,
Als sie im Sturme mutig die Höh'n der Kunst
Eroberte, auf ihrem Gipfel
Pflanzend die Garibaldinerfahne.

Sie schaut und denkt. Noch einmal der Jahre Weg
Mit dir zu gehn soll wohl meine Freude sein,
Im milden Lächeln deiner Kinder
Noch einmal träumend die lieben Träume?

Oder ist's besser, weiter zu kämpfen, bis
Die heil'ge Stunde uns zu sich rufe? Dann,
O meine Tochter – mich erwartet
Nicht Beatrice im Himmel droben –

Dann soll dein sanfter Blick und die Stimme dein,
Die wohlbekannte, mir auf dem Übergang
Zur Seite stehen, den Homer der
Grieche und Dante der Christ durchschritten.

Bei der Urne von Percy Bysshe Shelley

Lalage, ich weiß wohl, welcher Traum deinem Herzen
entsteiget,
Welchem entschwundenen Glück, schweifend, dein
Auge nun folgt.

Unfruchtbar ist das Jetzt: es schlägt und entfliehet; das
Schöne
Ist im Vergang'nen allein, Wahrheit enthüllt nur der
Tod.

Clio, die Feurige, tritt auf den Berg der Jahrhunderte
leichten
Fußes; im stolzen Flug schwebet sie singend empor.

Unter der Schwebenden zeigt sich enthüllt und erleuch-
tet der weite
Friedhof der Welt; ins Gesicht lacht ihr der neueren
Zeit

Sonne. O Strophen ihr, Gedanken der Jugendzeit, su-
chet
Ruhig im Fluge nun auf, was ihr vor Zeiten geliebt.

Fliegt durch die Himmel, die heiteren Himmel zur
schönen Insel,
Die aus der Phantasie Meeren sich strahlend erhebt.

Dort, auf die Lanzen gestützt, gehen, hoch und blond-
gelockt, Siegfried
Und Achill, mit Gesang längs des erbrausenden Meers.

Jenem reicht Blumen Ophelia, dem blassen Geliebten
entronnen;
Diesem, vom Opferaltar, nahet sich Iphigenie.

Unter grünender Eiche spricht Roland mit Hektor, es
blitzet
Durendala von Gold und von Gestein in der Sonn':

An die blühende Brust ruft Andromache wieder ihr
Söhnlein;
Alda, die Schöne, schaut starr auf den grimmigen
Herrn.

Lear, mit wallendem Haar, sagt dem irrenden Ödipus
seine
Leiden; Ödipus sucht schwankenden Blicks noch die
Sphinx.

»Weiße Antigone, komm!« ruft die fromme Cordelia,
»singen,
Griechische Schwester, wir Frieden den Vätern ins
Herz.«

Helena und Isolde, sie wandeln im Schatten der Myrten
Sinnend; das Abendrot lacht auf ihr goldenes Haar.

Helena blickt in die Wellen: Isolden öffnet die Arme
Marke; das Blondhaupt sinkt an seinen mächtigen Bart.

Klytämnestra steht mit der schottischen Fürstin am
Strand, im
Lichte des Mondes: die weiß schimmernden Arme ins
Meer

Tauchen sie .... Schwellend von glühendem Blut ent-
fliehen die Wogen;
Klagend am Felsengestad' hallt der Unseligen Schrei.

Insel der Schönen! Insel der Helden! Insel der Dichter!
Von den Wegen entfernt bitteren, menschlichen Leids!

Ringsherum schimmert das Weltmeer in weißlichem
Lichte, es schweben
Durch die purpurne Luft seltsame Vögel dahin.

Schütternd zieht durch die Lorbeern das tönende, end-
lose Epos,
Wie wenn der Maiensturm eilt übers wogende Feld;

Wie wenn Wagner mit Macht in den singenden Erzen
tausend
Seelen erweckt; das Herz bebt in der menschlichen
Brust.

Ach, aber keiner der neueren Dichter erstand hier, nur
du, o
Shelley, vielleicht, du Geist eines Titanen, gehaucht

In eine Jungfraungestalt: es entführte dich Sophokles
Thetis'
Göttlichen Armen im Flug, nahm dich im Heldenchor
auf.

Herz der Herzen, der blühende Frühling duftet und
schimmert
Auf dieser Urne lau, die dich, o kaltes, umschließt.

Herz der Herzen, die Sonne, die göttliche Mutter, um-
hüllt dich,
Armes, schweigendes Herz, mit ihrer strahlenden Lieb'.

Frisch erbrausen die Pinien in Romas weitem Äther;
Der entfesselten Welt Dichter, wo bist du? Vernimmst

Du meine Worte? Mein Blick entfliehet jenseits der
Mauer
Des Aurelianus feucht über das traurige Feld. [Bild]

Ave

Zum Tode von G. P.

Jetzt, wo, schwer wie ein Leichentuch,
Sich der Schnee auf das Land und die Gemüter legt,
Wo der brausende Lebenslaut
Sich verhallend verliert matt in der Winterluft,

Schwebst du, lieblicher Geist, davon;
Jene Wolke vielleicht, dort in dem einsamen
Abendhimmel, empfängt dich, blaß,
Und sie ziehet mit dir, leise zerfließend, hin.

Wenn, bei laulichem Sonnenschein,
in die Seelen sich stiehlt schmachtend ein Sehnsuchts-
wunsch,
Wenn Persephone, blaugeäugt,
Mit den Blumen, die sich aufschließen, wiederkehrt,

Werden wir, o du Zärtlicher,
Dein gedenken, der nicht heimkehrt, dein teures Bild
Unter'm weißen Aprilmond sehn,
Wie es winkend nach uns grüßt und vorüberzieht.

Schneefall

Langsam flockt der Schnee vom aschgrauen Himmel
herab, kein
Schrei und kein Lebenslaut hebt von der Stadt sich em-
por;

Nicht der Gemüsefrau Ruf, noch das Rollen von eilen-
den Karren:
Nicht, mit fröhlichem Klang, Lieder von Jugend und
Lieb'.

Dumpf durch die Lüfte ertönen die Stunden, vom
Platzturme, klagend,
Wie das Gestöhn' einer Welt, ferne dem Lichte des
Tags.

An das beschlagene Glas picken irrende Vögel: es sind
der
Lieben Geister: sie schau'n, rufen, zurückgekehrt, mich.

Bald, ihr Teuren, ja bald – sei ruhig, unbändiges Herze
–
Steig' ich zur Stille herab, ruh' in dem Schatten mich
aus.

Abschied

Leuchtend gold'ne Ketten, die Brust zu schmücken,
Mögen ihren Sängern die Kön'ge geben;
Seine Gaukler möge der Pöbel, heiser
Schreiend, beklatschen.

Ich verlang', als Lohn für den Vers, der mutig
Von der alten Zeit nach der neuen schwebet,
Einen vollen Kelch von der Freundschaft und das
Lächeln der Schönheit.

Rein wie ein Aprilmorgen-Angedenken
Ist der Schönen Lächeln, wenn, flücht'gen Schrittes,
Sich das Alter anschickt, bereits das neunte
Lustrum zu schließen.

Heiter schwebt des Todes Gebild' im Kreis der
Becher, welche Freundschaft mit Blumen kränzt, wie
Unter des Ilissus Platanen, dir, o
Göttlicher Plato.

Über tredition

Eigenes Buch veröffentlichen

tredition wurde 2006 in Hamburg gegründet und hat seither mehrere tausend Buchtitel veröffentlicht. Autoren veröffentlichen in wenigen leichten Schritten gedruckte Bücher, e-Books und audio-Books. tredition hat das Ziel, die beste und fairste Veröffentlichungsmöglichkeit für Autoren zu bieten.

tredition wurde mit der Erkenntnis gegründet, dass nur etwa jedes 200. bei Verlagen eingereichte Manuskript veröffentlicht wird. Dabei hat jedes Buch seinen Markt, also seine Leser. tredition sorgt dafür, dass für jedes Buch die Leserschaft auch erreicht wird.

Im einzigartigen Literatur-Netzwerk von tredition bieten zahlreiche Literatur-Partner (das sind Lektoren, Übersetzer, Hörbuchsprecher und Illustratoren) ihre Dienstleistung an, um Manuskripte zu verbessern oder die Vielfalt zu erhöhen. Autoren vereinbaren direkt mit den Literatur-Partnern die Konditionen ihrer Zusammenarbeit und partizipieren gemeinsam am Erfolg des Buches.

Das gesamte Verlagsprogramm von tredition ist bei allen stationären Buchhandlungen und Online-Buchhändlern wie z. B. Amazon erhältlich. e-Books stehen bei den führenden Online-Portalen (z. B. iBookstore von Apple oder Kindle von Amazon) zum Verkauf.

Einfach leicht ein Buch veröffentlichen: **www.tredition.de**

Eigene Buchreihe oder eigenen Verlag gründen

Seit 2009 bietet tredition sein Verlagskonzept auch als sogenanntes "White-Label" an. Das bedeutet, dass andere Unternehmen, Institutionen und Personen risikofrei und unkompliziert selbst zum Herausgeber von Büchern und Buchreihen unter eigener Marke werden können. tredition übernimmt dabei das komplette Herstellungs- und Distributionsrisiko.

Zahlreiche Zeitschriften-, Zeitungs- und Buchverlage, Universitäten, Forschungseinrichtungen u.v.m. nutzen diese Dienstleistung von tredition, um unter eigener Marke ohne Risiko Bücher zu verlegen.

Alle Informationen im Internet: **www.tredition.de/fuer-verlage**

tredition wurde mit mehreren Innovationspreisen ausgezeichnet, u. a. mit dem Webfuture Award und dem Innovationspreis der Buch Digitale.

tredition ist Mitglied im Börsenverein des Deutschen Buchhandels.

Dieses Werk elektronisch lesen

Dieses Werk ist Teil der Gutenberg-DE Edition DVD. Diese enthält das komplette Archiv des Projekt Gutenberg-DE. Die DVD ist im Internet erhältlich auf **http://gutenbergshop.abc.de**